공존을 위한
인문 무크지 **아크 7**

위로

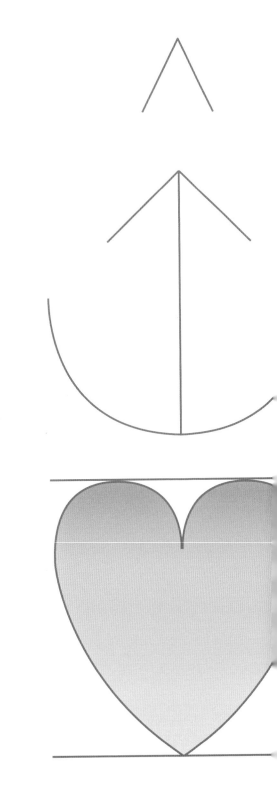

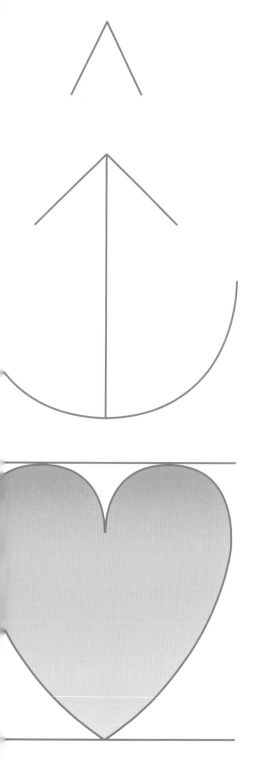

위로

허동윤

㈜상지엔지니어링건축사사무소 대표이사로 '건축은 인문에 다름아니다'라는 생각을 가지고 있다. 2007년부터 열린부산·도시건축포럼을, 2017년부터 상지인문학아카데미를 운영하고 있다. 2020년부터는 인문 무크지 『아크』를 발간하고 있다. 2023년 부산시 문화상 공간예술 부문 을 수상했다.

위로가
필요한 시대

인문 무크지 『아크』 7호의 주제가 '위로'로 선정됐다는 이야기를 듣고 이번 호에는 어떤 '위로'의 글들이 실릴지 내심 기대됐습니다. 그도 그럴 것이, 지난 6호 '기분' 발간 후 책을 보는 순간 기분이 좋아졌다는 말을 여기저기서 들었기 때문입니다.

위로라니! 생각해보니 그동안 '위로'에 관해 깊게 들여다본 적이 없었습니다. 위로는 아주 흔한 말이지만 평소에 잘 쓰지 않는 단어였습니다. 갑자기 위로가 낯설게 다가왔습니다.

어릴 적 잘못을 했다거나 마음먹은 대로 일이 되지 않을 때, 힘들어하는 제게 어머니가 다가왔습니다. 아들의 아픔을 걱정하는 어머니는 제가 얼마나 소중한 사람인지, 이 시기가 지나면 "그래서 좋았다"라고 웃을 날을 있을 거라는 말을 건넵니다. 그리고 마지막엔 꼭 저의 미래를 응원해주었습니다. 누군가가 나를 믿어주고 기다려준다는 것은 절망의 밑바닥을 딛고 서게 하는 동아줄 같은 거였습니다. 지금 생각해보니 어머니의 위로는 사랑이었습니다.

　어머니의 위로 같은 위로를 누군가에게 건넨 적이 있었는지 생각해봤습니다. 그리고 그런 위로를 누군가로부터 받은 적이 있었는지도 생각했습니다.
　바쁘다는 핑계로 혹은 마지못해 건성으로 한 위로가 대부분이었습니다. 가슴이 아니라 머리로, 입으로만 위로를 했다는 생각에 부끄러워졌습니다.

우리가 사는 지구 반대편에서 2년째 진행되고 있는 우크라이나 전쟁, 팔레스타인과 이스라엘 전쟁의 참혹상을 보며 권력 확장을 위해 아무 이유 없이 비참하게 학살당하고 유린당한 사람들에게는 그 어떤 위로를 해야 하는지 마음이 먹먹해집니다.

위로가 필요한 시대에 '위로'에 대한 많은 생각을 하게 해준 열아홉 분의 필자들에게 감사의 말을 전합니다.

국내외에서 들려오는 팍팍한 이야기에 가슴에 돌덩이가 얹혀 있는 것 같은 세밑입니다. '위로'를 주제로 쓰인 인문 무크지 『아크』가 독자들과 함께 위로에 대한 생각을 나누며 위로가 됐으면 하는 바람입니다.

고영란

월간 예술부산 기자, ㈔한국예술문화비평가협회 사무국장과 계간『예술문화비평』편집장을 지냈다. ㈜상지건축 대외협력본부장으로 인문학아카데미를 기획, 진행하고 있으며 인문 무크지『아크』편집장이다.

Editor's letter

고민을, 일상의 어려움을 토로하는 누군가를 만나면 뭔가 내 생각을 얘기해줘야 한다는 부담을 가진 적이 있습니다. 조금만 달리 생각하면 괜찮을 건데 왜 그런 고민에 매달려 있는지 답답했습니다. 대화를 하다보면 말은 달라도 같은 내용이 반복되고 그러다 예상치 않게 대화의 골이 깊어져 서로 얼굴을 붉힌 적도 가끔 있었습니다. 그때는 그랬습니다. 타인의 고민에 대해 해결의 실마리를 주는 것이 '위로'인 줄 알았습니다.

평범한 일상을 언제 맞이할 수 있을지 모르는 불안이나 상실에 빠져있을 때 섣부른 충고나 책임지지 못할 오지랖은 자칫 폭력이 될 수도 있다는 사실을 나중에 알게 되었습니다.

몇 달 동안 집 밖에 나가지 않았던 적이 있었습니다. 가끔 찾아오는 친구와 함께 나가서 밥을 먹는 게 다였습니다. 어떻게 사는지, 앞으로 무엇을 할 건지 그는 아무것도 묻지 않았습니다. 그냥 자신의 일상을 이야기하고 돌아가는 뒷모습을 보면서 아무것도 묻지 않고 옆에 있어 주는 게 큰 위로가 될 때도 있다는 생각을 했습니다.

지난 6월 30일, 아크 첫 호부터 지금까지 원고를 보내주신 필자들과 함께 '아크 네트워크 파티'를 했습니다. 원래 알고 있던 필자도 있었지만 글로만 보고 그날 처음 뵙는 분들도 있었습니다. 저도 그렇지만 필자들은 더더욱 서로 모르는 분들이 많았기에 준비를 하면서 함께하는 자리가 서먹하면 어쩌나 하고 걱정했습니다.

기우였습니다. 광주에서, 서울에서, 그리고 일본에서 먼 길 마다않고 기꺼이 와주신 분들과 지역의 인문학자들에게 너무나 감사했습니다. 각각 다른 분야 인문학자들과 소통의 자리는 연대와 위로의 시간이었습니다. 함께 나아갈 수 있는 에너지를 느낄 수 있는 이런 자리를 자주는 아니더라도 가끔 만들어야겠습니다.

인문무크지 『아크』 7호의 주제는 '위로'입니다. 편집회의를

통해 시간, 소외, 자유, 교육, 날씨, 전쟁, 늙음, 위로 등을 두고
논의한 결과, 지난 6호 '기분'에 이은 주제로 '위로'를 선정했습니다.

이번 호는 필자들이 경험을 통해 인문적으로 녹여낸 '위로'의
글들이 많아 쉽게 읽히면서도 묵직한 여운을 남깁니다.

첫 글은 「비극, 카타르시스, 공동체, 그리고 위로」김종기 입니
다. 아리스토텔레스와 니체를 통해 위로에 대한 두 가지 태도를
살펴보며 나와 타자를 위로하는 방식, 스스로를 구원하고 공동
체의 구원에 기여하는 근본에 대한 글입니다.

「인간이 불가능을 극복하는 방식, 위로」장현정는 비극이 일상
이 되어버린 세계에서 무엇이 진짜 위로인지에 대한 이야기를,
「허무의 쓸모-허무 실용주의를 만나다」조봉권는 필자의 체험을
통해 경청의 힘과 심연의 밑바닥허무에서 건져내는 스프링보드가
어떻게 연결되는지를 유머러스하면서도 찡하게 그려냈습니다.

「'함께' 외로운 우리 시대의 '위로'」권명환는 필자인 정신과
의사가 말하는 '상대의 고유한 고통과 슬픔을 존중하는 데서 출
발하는' 위로를, 「위로의 변증법과 복수하려는 마음」천정환에서
는 회복되지 않는 상실, 위로받기 어려운 상실, 그리고 위로가
막히는 지점에서 나타나는 분노를 통해 진정한 '위로'가 뭔지 사
유케 합니다.

「위로, 연대, 그리고 우물물 한 동이」이승원는 불안을 전제로 한 위로에 대해, 「밤을 밝히는 위로와 부끄러움에 대한 위로」심상교는 감성적 사유 속 위로와 이성적 사유 속 위로에 대해 이야기합니다.

「탈산업화의 시대, 위로가 필요한 것」강동진은 위로와 연결시킨 산업유산에 대해, 「불안과 방어기제, 그리고 도시건축의 자위」차윤석는 우리 도시와 건축의 어설픈 위로 아니 자위에 대해 토로합니다.

「고독했던 사람 고흐, 우리에게 위로를 건네다」이성철는 고흐가 우리에게 건넨 위로와 위안에 대해, 「위로를 받는 세 가지 방법」문종필은 만화나 웹툰을 통해 세대마다, 나이마다, 시기마다 다른 위로 받는 법을, 「클래식 음악은 위로인가?」엄상준는 내면의 위로만큼이나 중요한 것은 사회적 위로와 예술 체험의 공적 경험에 있을 거라 말합니다.

이외에도 「향파 이주홍은 왜 친일을 고백하지 못했나?」박형준, 「'도피'와 '외면'으로서의 위로-'힐링'과 '웰빙'을 생각하며」조재휘, 「어떤 위로로 하시겠습니까? 일본 메이드 카페 관찰기」류영진, 「아무도 눈여겨보지 않는 자의 눈동자를 응시하는 눈」정훈, 「나를 위로하는 사물과 음식과 시」손택수, 「그늘」이승헌, 「위로, 내가 밝힐 수 있는 시간의 최대치」허태준의 글들을 읽으며 울컥하기도, 답답하기도, 따스하기도 했습니다.

'그 정도 했으면 이제 그만해도 되지 않아?' '나약한 정신으로 세상을 어떻게 헤쳐가?' '지금만 견디면 금방 나아질 거야.' 등등, 모든 문제를 개인의 탓으로 돌리는 사회에서 할 수 있는 거라고는 스스로를 포기하거나, 원망할 대상을 찾아 분노를 표출할 수밖에 없습니다.

말하는 것조차 낡아버린 '희망'을 찾기 위해, 남용되고 있는 뻔한 위로 말고 진정한 위로가 필요합니다. 인문무크지 『아크』 '위로'에 실린 총 19편이 '희망'을 위한 '위로'의 길에 가닿기를 기원합니다.

2023년 상지인문학아카데미, 인문무크지 『아크』와 함께해주셔서 진심으로 감사합니다. 새해 복 많이 받으십시오.

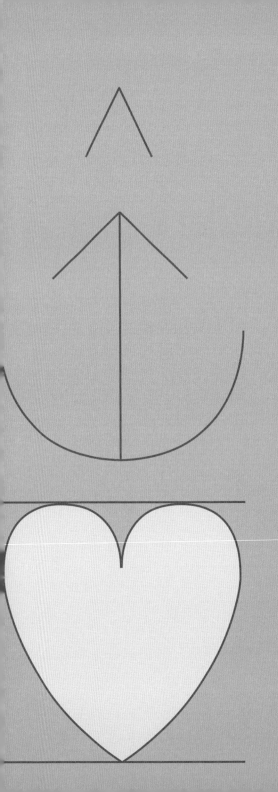

김종기

독일 훔볼트대학교에서 철학 미학/사회철학 박사학위를 받았다. 상지인문학아카데미에서 '서양미술과 미학의 창'이라는 제목으로 5년 동안 강의했다. 미술비평가로도 활동하고 있으며, 민주공원 관장을 6년간 역임했다.

비극, 카타르시스, 공동체, 그리고 위로

1. 위로에 대한 두 가지 태도: 아리스토텔레스와 니체

무대에서 펼쳐지는 장면은 자갈치 시장의 어느 곳이다. 생선 광주리를 머리에 인 아주머니가 어린 남자아이의 손을 잡고 걸어가고 있다. 아이의 손에는 꾀죄죄하게 땟국물이 끼어 있다. 이 장면을 보는 순간 눈에 왈칵 눈물이 고인다. 저 아주머니는 예전 고생하시던 우리 어머니를 연상시킨다. 또 저 꼬마 아이는 꼭 내 동생 같아 보인다. 타지에서 온 아주머니는 다른 시장 상인들의 텃세 때문에 핍박받고 어떤 때는 이리저리 쫓겨나기도 하면서, 자기에게 가해지는 악행을 악행으로 되갚지 않고 참고 묵묵히 견뎠다. 점점 시장 상인들은 아주머니의 착한 품성을 이해하고 그녀를 받아들이고 도와준다.

관객들은 아주머니의 고통에 감정이입을 하며 같이 눈물을 흘린다. 그러면서 이렇게 느낀다. 나도 저 아주머니처럼 나에게 가해지는 불의를 참고 견디면서 악을 악으로 갚지 않고 선행을 하면 결국 보상받겠지. 내가 받지 못한다 해도 나의 자식들이 잘될 수 있겠지. 또는 통상의 권선징악 플롯을 따르는 영화, 연극 또는 TV 드라마에서 주인공이 마지막에 악인들을 징벌하면서 정의가 되살아나는 장면을 보고서 속이 후련해지는 것을 느끼며 이렇게 말한다. "그래도 세상은 살만한 곳이야."

이러한 영화나 연극에서 중요한 것은 바로 '감정이입'Einfühlung이며, 어떤 영화나 연극이 감정이입이라는 토대를 가지고 있다면 그것은 전통 아리스토텔레스적 비극의 핵심을 건드리고 있다 말할 수 있다.

아리스토텔레스적 비극의 목적은 '카타르시스'이다. 『시학』 제6장에서 단 한 번 나타난 '카타르시스'에 대한 해석은 레싱 Gotthold Ephraim Lessing, 1729-1781의 도덕·윤리적 관점에서의 해석과 베르나이스Jacob Bernays, 1824-1881의 의학적 관점에서의 해석이라는 두 측면으로 나뉜다.

레싱의 관점에서 카타르시스는 '연민'과 '공포'와 같은 격정들이 덕행으로 전환되는 데서 발생하는 것이었고, 베르나이스의 관점에서는 동종 치료법처럼 격정들을 상승시켜 그러한 격정들을 배설放出, 噴出함으로써 쾌快를 획득하고, 고통을 경감하면서 해방의 감정을 얻는 것이었다.[1] 그런데 브레히트Bertolt Brecht, 1898-1956가 지적하는 바대로 이 카타르시스는 배우들이 모방하는 '행위자들'에 대한 관객들의 감정이입을 통해 발생하는 것이다. 이때 카타르시스는 불행에 빠진 주인공이 자신의 불행 속에서도 자신의 삶을 견디어 가며 결국 신 또는 스스로에 의해 구제되는 줄거리를 통해 비극을 관람하는 관객들로 하여금 현실의 삶속에서 야기되는 불안과 고통을 털어내고 위로하는 치료제의 기능을 한다.

왜냐하면 관객은 나도 저 주인공처럼나의 양심을 지키면서 이러한 고통스러운 삶을 묵묵히 견디어 나가면 결국 나의 삶이 구제받거나 보상받을 수 있을 것이라는 희망과 기대를 가지게 될 수

---

1 카타르시스가 나오는 구절은 다음과 같다. "비극은 진지하고 일정한 크기를 가진 완결된 행동의 모방이며, [……] 연민(eleos)과 공포(phobos)를 불러일으키며 또 그렇게 함으로써 그러한 감정들의 카타르시스(그러한 격앙 상태로부터의 '정화'/ 이러한 감정들의 '배설')를 이끌어낸다[야기한다]." 이 구절은 독일어, 영어 번역본을 참고하여 다시 옮긴 것이다. 여기서 "그러한 격앙 상태로부터의 '정화'"는 Manfred Fuhrmann의 독일어 번역본 Poetik (Reclam, Stuttgart, 1982 19쪽), "이러한 감정들의 '배설'"은 Theodor Gomperz의 독일어 번역본 Poetik (Verlag von Veit & Comp, Leipzig, 1897, 11쪽)의 번역이다. 천병희의 번역본을 그대로 옮기면 다음과 같다. "비극은 진지하고 일정한 크기를 가진 완결된 행동을 모방하며, [……] 연민과 공포를 환기시키는 사건에 의하여 바로 이러한 감정의 카타르시스를 행한다."
Aristoteles, 천병희 옮김, 『시학』, 문예출판사, 2006, 49쪽.

있기 때문이다. 그런데 바로 이 때문에 카타르시스는 지금 나와 동시대인들에게 가해지는 불의를 지금 여기서 극복하고자 하는 것이 아니다. 저항하거나 싸우거나 이도 저도 되지 않아 삶을 포기하는 것이 아니라 묵묵히 참고 견디라고 하는 것이다. 이것이 카타르시스의 토대로서 '부도덕한 정열'에서 '덕행'으로 이행하는 방식이다. 따라서 아리스토텔레스에서 카타르시스는 현세적 토대를 가지고 있지 않다고 할 수 있다.

이 때문에 니체는 전통적 해석과 달리 카타르시스를 '무력화'의 과정이라고 파악한다. 니체는 비극의 효과를 의학적이거나 도덕적인 해석 방식을 넘어서 미적 영역에 근거해서 설명하며, 아리스토텔레스의 비극론에서는 '디오니소스적인 것'이 소멸된다고 지적한다.

니체는 현세의 삶에서 우리가 겪는 소외, 고립 등 수많은 악덕은 '개별화'에 그 원인이 있다고 지적한다. 그리고 그것을 극복하는 힘을 개별화로부터 근원적인 일자로 되돌아가는 경험에서 찾는다. 이러한 경험이 바로 디오니소스적 도취이며 그는 그 것을 더 높은 공동체적 삶의 회복에서 찾는다.

이러한 니체의 비극 해석에서는 '디오니소스적인 것'의 해명이 핵심적이며, 더 나아가 비극의 효과에 대한 니체의 해석에서는 전통적인 카타르시스로부터 디오니소스적 긍정으로의 전환이 나타난다. 이때 디오니소스적 긍정이란 허무주의를 극복한 긍정이며, 마치 낙타처럼 짐을 지거나 견디거나 묵종하는 것을 의미하지 않고, 창조하는 것을 의미하는 긍정이다. 이러한 긍정은 내세를 위해 현세를 긍정하는 것이 아니라, 현세를 그 자체에서 긍정하는 것이다. 니체는 비극이 이와 같이 "현세의 삶을 위로하는 예술"이라고 보고 있다.

니체에 따르면 비극의 비밀스러운 가르침이란 "개별화는 악의 근원이며 예술은 개별화의 속박을 파괴할 수 있다는 기쁜 희망이며 다시 회복된 통일에 대한 예감이라는 고찰"이다. 따라서 니체는 개별화의 속박을 벗어나는 청중또는 관객의 미적 활동이 비극의 효과라고 파악하며, 그것은 청중들이 하나로 일체화되는 디오니소스적 도취에서 발생한다고 보고 있다.

소외, 고립 등 수많은 악덕을 야기하는 원인인 개별화로부터 근원적인 일자로 되돌아가는 경험, 이러한 경험이 바로 디오니소스적 도취이며 니체는 그것을 더 높은 공동체적 삶의 회복에서 찾는다. 그것은 바로 공감으로부터 시작할 것이다. 이 공감은 감정이입과 동일한 감정이다. 아리스토텔레스의 비극에서 감정이입은 단지 비극이 훌륭한 비극으로 구성되기 위한 토대였다. 그리고 카타르시스는 부정한 열정, 감정을 순화시켜 고통스러운 현실을 견디게 하는 치료제, 또는 아편이었다.

니체는 이와 달리 디오니소스적 도취를 말한다. 그것은 바로 내가 혼자가 아니라는 것, 내가 살아가고 있는 공동체가 나와 함께 한다는 것, 공동체적 삶의 회복을 통해 얻는 기쁨이다. 이것이 니체가 말하는 디오니소스적 도취일 것이다. 이 또한 공감에서 출발한다.

함민복의 시 「눈물은 왜 짠가」는 이와 같은 소박한 공감, 공동체적 삶의 양식을 노래한다.

눈물은 왜 짠가

함민복 1962~

지난 여름이었습니다 가세가 기울어 갈 곳이 없어진 어머니를 고향 이모님 댁에 모셔다드릴 때의 일입니다 어머니는 차시간도 있고 하니까 요기를 하고 가자시며 고깃국을 먹으러 가자고 하셨습니다 어머니는 한평생 중이염을 앓아 고기만 드시면 귀에서 고름이 나오곤 했습니다 그런 어머니가 나를 위해 고깃국을 먹으러 가자고 하시는 마음을 읽자 어머니 이마의 주름살이 더 깊게 보였습니다 설렁탕집에 들어가 물수건으로 이마에 흐르는 땀을 닦았습니다

"더울 때일수록 고기를 먹어야 더위를 안 먹는다 고기를 먹어야 하는데…… 고깃 국물이라도 되게 먹어둬라"
설렁탕에 다대기를 풀어 한 댓 숟가락 국물을 떠먹었을 때였

습니다 어머니가 주인 아저씨를 불렀습니다 주인 아저씨는 뭐 잘못된 게 있나 싶었던지 고개를 앞으로 빼고 의아해하며 다가왔습니다 어머니는 설렁탕에 소금을 너무 많이 풀어 짜서 그런다며 국물을 더 달라고 했습니다 주인 아저씨는 흔쾌히 국물을 더 갖다주었습니다 어머니는 주인 아저씨가 안 보고 있다 싶어지자 내 투가리에 국물을 부어주셨습니다 나는 당황하여 주인 아저씨를 흘금거리며 국물을 더 받았습니다 주인 아저씨는 넌지시 우리 모자의 행동을 보고 애써 시선을 외면해 주는 게 역력했습니다 나는 그만 국물을 따르시라고 내 투가리로 어머니 투가리를 툭, 부딪쳤습니다 순간 투가리가 부딪치며 내는 소리가 왜 그렇게 서럽게 들리던지 나는 울컥 치받치는 감정을 억제하려고 설렁탕에 만 밥과 깍두기를 마구 씹어댔습니다 그러자 주인 아저씨는 우리 모자가 미안한 마음 안 느끼게 조심, 다가와 성냥갑만 한 깍두기 한 접시를 놓고 돌아서는 거였습니다 일순, 나는 참고 있던 눈물을 찔끔 흘리고 말았습니다 나는 얼른 이마에 흐른 땀을 훔쳐 내려 눈물을 땀인 양 만들어놓고 나서, 아주 천천히 물수건으로 눈동자에서 난 땀을 씻어냈습니다 그러면서 속으로 중얼거렸습니다

눈물은 왜 짠가

「모든 경계에는 꽃이 핀다」 창비, 1999

2. 마그리트 -고통의 치유로서 추억, 그리고 위로

초현실주의 회화의 일파로 분류할 수 있는 마그리트는 재현의 원리를 통해 재현을 파괴하고자 한다. 이를 위해 마그리트는 우리의 주변에 있는 대상들을 사실적으로 묘사하고 그것과는 전혀 다른 요소들을 작품 안에 배치하는 방식인 데페이즈망 depaysement 기법을 사용하였다.

데페이즈망이란 흔히 전치前置, 전위轉位라고 번역하는데, 낯익은 물체를 뜻하지 않은 장소에 놓음으로써 꿈속에서나 가능한 화면을 구성하는 것을 말한다. 마그리트의 그림은 그 어떤 그림보다도 정확한 재현의 원리에 매달려 있는 것처럼 보인다. 왜

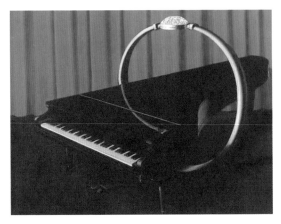

／ 그림 1. Rene Magritte, 「행복한 손」, 1953, oil on canvas, private collection

냐하면 마그리트 그림 속에 나타나는 세부적인 부분들은 현실의 사물을 아주 정확히 재현의 원리에 따라 모사하고 있기 때문이다. 그러나 그는 재현의 원리를 통해 재현을 파괴한다.

「행복한 손」을 보라 그림 1. 이 그림에는 제목이 지시하는 재현 대상, 즉 손이 보이지 않는다. 그 대신 그랜드 피아노와 그 피아노를 둘러싸고 있는 아주 큰 반지가 있다. 여기서 마그리트는 우리가 '손'이라는 청각 이미지 또는 기표를 듣는 순간 떠올리게 되는 시각 이미지로 구현된 손을 그리지 않는다.

그는 손이라는 청각 이미지를 통해 연결되어 있는 원본으로서의 실제 손과 그것의 모사인 그림의 관계를 끊어버린다. 그 대신 손이라는 이미지를 통해 간접적으로 연결될 수 있는 반지를 재현하고, 또 그 손을 통해 연결되는 피아노를 재현하고 있다. 이렇게 이미지가 실제 사물과 직접적으로 연결되는 고리를 끊어버리면 이미지는 이미지끼리 상호 연결되면서 무한한 활주 놀이가 가능해진다.

마그리트는 이러한 이미지의 활주 놀이를 이용하여 우리에게 고통의 치유로서의 추억을 일깨워준다.

/ 그림 2. Rene Magritte, 「기억」 1948, oil on canvas, 59×43cm, Rene Magritte Museum. 「기억」 속의 흰 두상 이미지는 고전적 석고상의 형태인데, 관자놀이에 상처를 입어 피를 흘리고 있다. 이 이미지는 조르지오 데 키리코의 그림 「사랑의 노래」(1914)를 참조하였고, 또한 로트레아몽의 산문시 「말도로르의 노래」도 참조하였다고도 전해진다. 피묻은 흰 석고상의 이미지는 자살한 어머니와도 연관된다고 추정된다. 마그리트가 15세 되던 해, 어머니가 샘브레강에 투신자살한다. 시신이 강에서 끌어올려졌을 때, 새하얀 치마가 얼굴을 뒤덮고 있었다. 이러한 이미지는 그의 그림에서 여러 형태로 변주되어 나타난다. 「연인들」(1928)이라는 두 연작에서는 흰 천으로 두 사람의 얼굴이 덮여있다. 「강의 원주민들」(1926)에서 한 사람은 얼굴 없이 목 위로 흰 허벅지가 뻗어있고 다른 한 사람은 흰 석고대로 된 목만 있고 얼굴이 없다.

마음속에 아름다운 추억을 하나라도 갖고 있는 사람은

결코 악에 물들지 않을 것이다.

그리고 그런 추억들을 많이 가진 사람은

삶이 끝날 때까지 안전하게 살아갈 것이다.

– 도스토옙스키, 『카라마조프가의 형제들』

그림 2를 보라. 여자 석고 두상의 오른쪽 눈 주변에 붉은 피가 묻어 있다. 석고 두상은 사람처럼 눈을 감고 생각에 잠겨 있는 것처럼 보인다. 아마도 이 피는 누구에게 당한 심한 상처를 나타내는 흔적일 것이다. 따라서 이 피는 현재의 고통이다. 어두운 곳에서 다가오는 현재의 고통, 알 수 없는 곳에서 다가오는 현재의 고통, 이 고통은 어떻게 치유될 것인가?

눈을 감는다. 과거로의 여행을 떠난다. 시간의 장막이 열린다. 방울이 과거의 소리를 전해준다. 과거로 나가는 창이 열린다. 넓은 바다와 하늘이 열린다. 시간의 렌즈를 통해 본 아름다운 추억이 여자를 위로한다. 여자에게 추억은 고통을 치유하고 상처를 아물게 하는 치료제이다. 그리고 추억, 아름다운 추억이 있기에 그녀는 현재의 고통을 견딜 수 있다.

추억이란 아름다운 시절을 채굴하는 일이다. 추억 속의 보물을 캐기 위해서는 먼저 소중한 기억들을 갈무리해 둘 저장고가 필요하다. 우리가 고통을 겪을 때, 두려울 때, 슬플 때, 위안을 얻고 싶을 때, 저장해 둔 추억을 하나씩 꺼내 쓸 수 있도록. 오늘은 내일의 추억이 된다. 지금 이 순간을 영원처럼 살아간다면 훗날 풍요로운 추억을 추수할 수 있지 않겠는가 이명옥, 『나는 오늘 고흐의 구두를 신는다』 참조.

아름다운 추억이 고통스러운 현재를 견디는 힘이라면, 또한 현재는 고통스러웠던 과거를 치유하는 바탕이 된다. 니체의 말을 조금 바꾸어 말해보자. "나의 현재는 나의 과거를 구원하고 나의 미래를 창조한다."

태어나자마자 고아원에 맡겨진 사람이 있었다. 유소년 시절 수시로 가해지는 체벌과 학대를 견디다 못해 10대 후반 무작정 고아원을 뛰쳐나와 거리를 방황하면서 비참한 생활을 반복했다. 막노동을 하면서 겨우 연명하다시피 살아가던 어느 날 조금 모은 돈을 가지고 무작정 유럽으로 떠났다.

낯선 이국땅에서 멸시와 차별 속에 고생을 하다 우연히 어느 화랑에서 허드렛일을 하게 되었고, 화가들의 그림을 보면서 자신도 그림을 그려보았다. 자기도 몰랐던 자신의 재능이 발견되는 순간이었다. 특히 그의 그림은 불우했던 삶의 경험을 바탕으로 해서 가난하고 소외된 사람들, 차별받는 사람들에 대한 진솔한 공감이 우러나오는 그림이었다. 그리하여 그는 화가가 되었고, 그에게는 자신의 불행하고 고통스러웠던 과거가 인간에 대한 깊은 이해와 공감에 바탕을 둔 작품을 제작할 수 있는 훌륭한 밑거름이 되었다. 이렇게 그의 현재는 자신의 불행한 과거를 구원하는 바탕이 된 것이다.

이처럼 현재 내가 나의 삶을 어떻게 꾸리느냐에 따라 나의 불행했던 과거, 비루하고 비참한 과거가 구제되는 것이다. 그리고 현재의 나의 삶의 태도, 방식 그것이 나의 미래를 창조하는 것이다.

니체에 따르면 이 세계는 공간적으로 제한되어 있고 시간적으로 무한하기 때문에 이 세계에 완전히 새로운 것은 없다. 동일하거나 유사한 것이 반복되는 것이다. 이것이 '동일한 것의 영원회귀'이다.

이 때문에 미래에도 똑같은 삶이 반복하기를 희망하도록 현재를 꾸리는 것, 다른 말로 하면, 미래에 내가 지금과 같은 상황에 처하게 될 때, 그때에도 내가 지금과 같은 선택을 할 수 있도록 행위하는 나의 실천, 이것이 바로 '동일한 것의 영원회귀'를 견디는 도덕적 실천 명제이다. 그러나 이러한 동일한 것의 영원회귀가 체념이나 삶을 포기하는 허무주의로 빠지지 않기 위해서 우리는 매 시기 나의 결단이 미래에도 영원히 반복할 수 있는 결단이 되게 해야 한다.

즉 나는 나의 결단이 내가 무한히 반복하여 행하도록 원할 수 있는 결단이 되게 해야 한다. 그리하여 나는 "미래에 창조적으로 관여하고 과거에 있었던 모든 것을 창조적으로 구제할" 수 있도록 현재를 꾸려야 하는 것이다. 이로써 나는 현재의 삶에서 영원의 삶을 얻는다.

이것을 니체는 삶과 실존의 '미적 정당화'라고 말한다. 게르하르트Volker Gerhardt에 따르면 삶과 실존을 미적으로 정당화한다는 것은 어떤 다른 것에 의한 정당화도 필요로 하지 않으며 나의 삶과 실존에 내가 스스로 의미와 가치를 부여하는 것을 말한다.

그것은 종교처럼 내세의 구원을 위해 현재 나의 행위를 정당화하거나, 공리주의자나 마르크스주의자들처럼 미래에 세워질 이상 사회를 위해 현재의 나의 고통을 견디는 것과 다르다.

니체는 다른 목적을 위해 삶과 실존을 정당화하는 모든 것을 거부한다. 세계는 어떠한 목표나 의도, 또는 제1원인에 의존하지 않는다. 세계는 있는 그대로 존재하며 예술작품처럼 전적으로 그 자체로 정당화된다.

이러한 정당화를 위해 나는 현재의 삶과 실존에 스스로 의미와 가치를 부여하며, 미래에 현재와 유사하거나 똑같은 상황이 도래하더라도 그때에도 똑같은 선택을 할 수 있도록 현재를 꾸려야 하는 것이다. 그리고 이를 통해 나는 스스로를 구원하고 공동체의 구원에 기여할 수 있는 것이다. 또한 이것이 나와 타자를 위로하는 방식이다.

나는 현재의 삶과 실존에
스스로 의미와 가치를 부여하며,
미래에 현재와 유사하거나
똑같은 상황이 도래하더라도
그때에도 똑같은 선택을 할 수 있도록
현재를 꾸려야 하는 것이다.
그리고 이를 통해
나는 스스로를 구원하고
공동체의 구원에
기여할 수 있는 것이다.
또한 이것이
나와 타자를 위로하는 방식이다.

장현정

작가, 사회학자, ㈜호밀밭 대표이며 현재 부산출판문화산업협회 회장으로 활동 중이다. 부산대학교 사회학 박사 과정을 수료하고 『록킹 소사이어티』를 비롯해 여러 권의 책을 썼다. 최근 작품으로 『바다의 문장들』(1, 2권 시리즈)을 펴냈고, 『주4일 노동이 답이다』(공역)와 『파시스트 거짓말의 역사』를 우리말로 옮겼다.

인간이 불가능을
극복하는 방식,
위로

비극이 일상이 되어버린 세계에서

어쩌다 이렇게 되어버린 걸까. 전 세계에서 전쟁과 참사, 파국과 재난이 일상이 되어버렸다. 뉴스 보는 일이 끔찍한 요즘이다. 우리나라만 놓고 봐도 전쟁 직후인 1953년 1인당 국민총소득GNI이 66달러였는데 70년 동안 무려 500배가량 소득이 늘어나 2022년에는 32,886달러가 되었으니 행복지수는 그만큼은 아니라도 50배, 하다못해 5배라도 늘었어야 할 텐데 웬걸. 오히려 일관되게 OECD 국가 중 가장 높은 자살률을 기록하고 있을 뿐이다. 매일 36.6명이 자살하는 나라이니 40분에 한 명꼴로 지금도 누군가는 스스로 목숨을 끊고 있을 것이다.

가슴 아픈 일, 억울한 일, 이럴 수는 없다고 분노할 만한 일이 무시로 일어나니 사람들의 정신건강도 정상일 리 없다. 한국에서 정신과 병원은 2018년부터 매년 10%씩 빠르게 늘고 있다. 서울의 경우에는 최근 5년 사이 무려 76%나 급증했다.[1] 사람들은 우울증, 공황장애, 불안증 등을 감기처럼 일상적으로 앓고 있다. 한 번이라도 마음 건강에 이상이 안 생기면 그 사람이 오히려 이상하게 느껴질 정도다. 산업현장에서의 사고도 끊이지 않는다. 우리 사회는 이미 근면하고 성실한 사람일수록, 착하고 요령 부릴 줄 모르는 사람일수록 재난과 참사의 위험에 더 많이 노출되고 희생되는 기형적인 사회가 된 지 오래다. 사람이 크게 다치거나 심지어 죽는 일이 벌어져도 무덤덤하게 계산기나 두드리고 앉아있는 이 각자도생의 사회에서 눈치 빠른 아이들은 우리 사회를 '헬조선'으로 규정한 지 오래고 금수저나 흙수저 같은 말을 비감悲感도 없이 사용하며 우리가 이미 신분제 사회로 퇴행했음을 말해준다. 정말 너무 엉망진창이 되어버린 게 아닌가 싶어 가슴이 답답하고 누군가로부터 이 터질 것 같은 심정을 위로받고만 싶어지는 세밑이다.

---

1 https://www.si.re.kr/node/67016 (서울연구원)

아크

무엇이 진짜 위로인가

그러나 나는 가짜 위로, 인스턴트 위로, 의사疑似, pseudo 위로는 받고 싶지 않다. 그런 위로 같지 않은 위로는 오히려 조롱이나 모욕으로 느껴져 화가 난다. 독이 되는 불량 위로들, 돈벌이를 위한 쓰레기 위로들이 너무 많은데 그중에서도 가장 위험한 것은 희생양을 찾아낸 다음 고통받는 이들의 마음속 어둡고 부정적인 감정을 자극해 폭발적으로 원한과 분노를 배설하도록 만드는 '위로를 가장한 폭력과 선동'이다.[2] 특히 유튜브 등을 통해 활개 치는 이런 혐오와 차별의 콘텐츠들은 모두가 아픈 시대에 그 상처를 악용해 자기 잇속을 챙기는 추악한 상술이자 나아가 범죄다. 그 정도까지는 아니지만, 별생각 없이 위로랍시고 건넸다가 결과적으로는 상처를 덧내고 후벼 파는 '팩폭'도 진짜 위로와는 거리가 멀다. 위로를 빙자한 훈계 내지는 꼰대질도 마찬가지다.

그렇다면 무엇이 진짜 위로일까. 솔직히 말하면, 정도를 넘어선 슬픔 앞에서 위로가 되는 것은 아무것도 없다. 슬픔은 "스스로 새로워져 나날이 강해지고, 이제는 그 오래된 시간이 스스로 법칙을 만들어 그만두는 것이 추하다 여겨질 지경에" 이른

2　르네 지라르, 『희생양』, 민음사, 2007

다.[3] 그러니 시간이 약이라느니, 시간이 지나면 괜찮아질 것이라고 말하는 이들은 게으르고 명청하다. 한 번 부서져 버린 도자기를 다시 붙일 수 없듯, 쏟아진 물과 깨진 항아리를 이전 상태로 복원할 수 없듯 사실상 위로는 기본적으로는 불가능한 임무, 미션 임파서블이다. 그러나, 인간이 아름다운 이유는 그럼에도 그 선명한 불가능에 도전한다는 점에 있다. 떠난 사람이 다시 돌아올 리 없고 무너진 세계가 다시 회복될 리 없지만 우리는 기어코 서로를 위로하고 곁을 내어주며 마음을 어루만지려 애쓴다. 이 잔혹하고 불인不仁한 세계에서, 이 동물/속물화의 사회[4]에서도 기어코 길을 찾아낸다. 길을 찾아내서 서로를 버티게 하고 함께 나아가고 마침내 극복한다. 영화 <쥬라기 공원>의 명대사처럼, "생명은 결국 길을 찾는다. Life finds a Way."

인간은 어떻게 위로를 해내는가

위로는 합리적이거나 논리적인 방식으로는 더욱 어려워진다. 그

---

3 폭군 네로의 스승이기도 했던 세네카의 이른바 위로 3부작, 이세운 역, 『철학자의 위로』, 민음사 中, 2022

4 김홍중, 『마음의 사회학』, 문학동네, 2009

래서 도시인들은 위로에 서툴 수밖에 없다. 도시인들은 그 자신이 환자인 경우가 많으니 사실 누굴 위로할 겨를도 없다. 고전사회학자 짐멜이, "전형적인 대도시인은 자신의 삶을 뿌리째 위협하는 외부 환경의 흐름이나 그 모순들을 방어할 수 있는 기관=지성을 발전시켰던 것이다. 그래서 대도시인은 급변하는 외부 환경에 대해 심장으로 반응하는 것이 아니라 본질적으로 머리로 반응하게 된다."[5]고 지적한 것처럼 도시인은 생명의 소리에 귀 기울이는 데는 한참 미숙하다.

위로는 우리에게 익숙한 논리적 세계의 언어가 아닌 다른 차원의 언어를 요구한다. 더는 이 세속의 말로는 소통할 수 없게 된 이들을 위한, 갑자기 우리 곁을 떠난 이들을 위한 진혼鎭魂의 언어. 남은 사람들의 마음을 애틋하게 어루만져줄 훨씬 절실한 언어. 성급하고 사나운 마음 대신 '가만히 좋아하는'김사인 마음. '말랑말랑한 힘'함민복 같은 차원이 요구된다. 인간은 이런 방식으로 불가능한 임무인 위로를 기어코 해낸다. 기억하고, 끊임없이 다시 떠올리고, 함께 의미를 부여하고, 보상과 처벌을 실행하고, 그리고 새로운 눈을 획득하여 이전에는 없던 것들을 창조해내면서 말이다. 인문학이나 과학, 철학이나 예술이 하는 일들이 다름 아닌 이런 일이다. 인간은 큰 상처를 겪으면 본능적으로

---

5 "대도시와 정신적 삶 The metropolis and mental life", 게오르크 짐멜, 김덕영·윤미애 역, 『짐멜의 모더니티 읽기』, 새물결, 2005

모든 감각을 닫아버리게 마련인데 이때 그 상처를 극복할 수 있도록 감각을 열게 하고 새로운 세계가 있음을 알려주고 그 세계를 '느끼게'하는 일도 바로 그런 일이다.

노래와 이야기가 우리를 위로한다

다시 말해, 노래와 이야기다. 철학과 예술이다. 안도현 시인의 시 「스며드는 것」에서 간장 속에 반쯤 몸을 담그고 엎드려 있던 꽃게는 운명을 천천히 받아들이며, 껍질이 먹먹해지기 전에 가만히 알들에게 말한다. "저녁이야, 불 끄고 잘 시간이야." 이것은 그저 거짓말이 아니다. 꽃게는 다가올 운명의 정체를 알면서도 그것을 사실 그대로 설명하지 않는다. 알들이 놀랄까 봐 덤덤하게, 놀랍도록 초연하고 어른스럽게 대처한다. 마치 영화 <인생은 아름다워>에서 아빠 귀도가 아들 조수아에게 수용소 생활을 놀이라고 속인 것처럼 그렇게. <러브 레터>로 유명한 이와이 슌지 감독의 새 영화 <키리에의 노래> 주인공 루카는 동일본 대지진 때 가족을 잃은 이후 말을 잃고 노래만 할 수 있게 된다. 말을 하려고 하면 울음이 터져버리고 울기 시작하면 멈출 수가 없기에 말 자체를 할 수 없게 된 것이다. 기타의 신으로 불렸던 에릭 클랩튼은 1991년, 사고로 어린 아들을 잃고 명곡 <Tears in

Heaven>을 만들었다.

위로는 상처 입은 이에게 새로 거처할 수 있는 아늑한 새집을 지어주는 일과 같은데 때로 아무도 집을 지어주지 않으면 인간은 스스로 새 안식처를 짓기도 한다. 아무도 위로해주지 않으니 자위하는 것이다. 자위는 창조적이고 멋진 행위다. 언젠가 프랑스 파리의 지하철공사에서 공모한 시 콩쿠르에서 8천 편의 응모작 중 1등으로 당선된 시의 제목은 「사막」이었는데, 오르텅스 블루가 쓴 이 시의 전문은 네 줄이다.

그 사막에서 그는
너무도 외로워
때로는 뒷걸음질로 걸었다.
자기 앞에 찍힌 발자국을 보려고.

위로는 노동이다. 그것도 숙련된 노동

위로慰勞라는 말의 사전적 의미는, 고통이나 슬픔을 덜어 주고 달래는 일이다. '위慰'는, 尉벼슬 위와 心마음 심이 결합한 글자인데 '尉'는 시신을 화장하는 모습에서 유래했다. 여기에 '마음 심'을 붙였으니 상주의 마음을 위로한다는 의미다. '尉'는 또한 주름을 편다는 뜻도 있어 다리미로 옷감을 펴듯 마음을 느긋하게 해준다는 의미도 있고[6] 돌 침으로 아픈 곳을 치료해 마음을 편안하게 해준다는 해석도 있다.[7]

여기에 노동을 의미하는 글자 '노勞'가 들어있다는 점은 의미심장하다. 위무, 위안, 위문 등과 달리 위로는 노동인 것이다. 그것도 수준 높은 숙련노동. 섣부른 위로는 오히려 상처만 줄 뿐이다. 위로는 그 고통과 상처를 되돌릴 수 없다는 걸 알면서도 묵묵히 나아가는 일이며 시간이 걸리고 정성이 필요하고 함께 실제로 아파해야 하는 강도 높은 노동이다. 충분한 시간을 들여 함께 돌아보고 확인하고 꼼꼼하게 기억하려고 노력하는 일이다. 위로는 매일 빼먹을 수 없는 일상적인 일이기도 하다.

삶은 미디어나 SNS에서 보이는 것과는 딴판이기 십상이다. 인간 삶의 대부분은 고통으로 구성된다. 사회와 세계의 본질도 갈등과 부조리다. 세계는 아름답고 선한 것으로만 구성된 게 아니라 오히려 끔찍하고 추하며 억울하고 고통스러운 일로 가득하다. 그러니 어른이라면 동화의 세계에서 빠져나와 이 어둡고 축축한 거리를 통과해야 하는 것이다. 그리고 그 부조리한 거리에서 만난 서로를 진심으로 위로하고 안아줄 수 있는 기술과 언

---

6 시라카와 시즈카, 박영철 역, 『상용자해』, 길, 2022

7 하영삼, 『한자어원사전』, 도서출판3, 2018

어를 갖추기 위해 훈련해야 한다.

수다라는 이름의 여행길과 자족의 지혜

위로를 위한 기술과 언어가 특별하거나 어려운 것은 아니다. 새 옷이 참 잘 어울린다고 얘기해주는 하얀 거짓말부터 글짓기, 밥짓기, 집짓기까지 세상에 없던 것을 만들어내는 모든 '짓기'들이 다 위로를 위한 기술이고 언어다. 새로운 세상을 지어내는 일은 인류 보편의 위로이고 가장 가치 있는 노동이다. 역사와 문학과 철학과 예술이 모두 그렇게 새로 무언가를 짓는 행위들이고 그렇게 함으로써 인류가 공유하는 상처를 극복하도록 도와준다. 저런 것들이 거창하게 느껴진다면 일상 속 가장 쉬운 실천 방법으로 '수다'를 추천할 수도 있겠다. 천천히 산책하기, 요가, 운동, 요리 등 마음을 달랠 방법은 많은데 그중에서도 수다는 질주하는 현대사회에서 마음을 챙기고 서로를 위로하기 위한 가장 유용한 기술이라고 생각한다. 그것은 이미 결론이 정해진 이야기, 다시 말해 공식처럼 정해진 이야기가 아니라 함께 주거니 받거니 이야기하는 동안 예정에 없던 곳으로 함께 나아가고 그 과정을 경험하게 되는 기분 좋은 여행과도 같다. 목적 없이 걷는 것을 산책이라 하는 것처럼, 목적 없는 대화를 수다라고 할 수 있

을 텐데 바로 그 목적 없음이야말로 우리를 건강하게 하는 자족
自足의 지혜다. 이런 시간을 함께 나눌 수 있는 사람이 있다면 그
존재만으로도 이미 위로다. 일본의 사상가 우치다 타츠루도 "함
께 있는 동안 '결말이 없는 이야기'를 계속 떠올리게 만드는 사
람을 가리켜 '친한 친구', '연인'이라고 부르는 것입니다."라고
했다.[8]

그리고 마침내 기억하고, 의미로 만들어내고, 경건하게 기리는 일

그러나 자족과 수다에서 한 걸음 더 나아갈 때 개인적 위로는 비
로소 역사적이며 보편적 위로로 승화한다. 즉, 씨줄과 날줄로 베
를 짜듯 우리가 겪은 고통과 비극의 다양한 의미들을 되새기고
오래오래 기억하며 기리는 일이야말로 궁극적인 위로라고 말할
수 있지 않을까. 광주민주화항쟁의 트라우마 극복을 위한 가장
좋은 위로는 전두환의 처벌이었을 것이다. 세월호, 이태원, 그
밖의 수많은 참사와 비극도 마찬가지다. 사태의 전말을 가감 없
이 공개하고 책임자를 처벌해 다시는 이런 일이 벌어지지 않도

———

8   우치다 타츠루, 박동섭 역, 『스승은 있다』, 민들레, 2012

록 하는 것이야말로 사실은 진정한 위로의 출발이다. 우리가 서로에게 힘이 될 수 있다는 믿음, 우리가 만든 이 공동체가 무너지지 않으리라는 확신이야말로 진짜 위로다. 우리가 최악의 경우라도 인간으로서의 품위를 지킬 수 있을 것이라는 믿음과, 우리가 조금이라도 지금보다 더 나은 사회를 만들 수 있을 것이라는 희망이 진짜 위로일 것이다.

조봉권

1970년 8월 15일 경남 진해에서 태어났는데, 일곱 살 때 부산 와서 줄곧 부산 원도심에서 살고 있다. 부산대에서 사회복지학을 전공하는 행운을 누렸다. 남을 도우려 애쓰고 우리 사회를 생각하면서 자기를 돌아보는 학문이 사회복지학이었다. 그러나 성적은 나빴다. 부산대 영어신문사 편집국장과 간사를 지냈다. 1995년 국제신문에 입사해 2022년 현재 28년 차 기자다. 등산·여행·레저 담당 기자로 뛴 2년 3개월이 가장 행복했다. 그때 『신근교산』이라는 책을 냈다. 문화부 기자, 문화부장, 문화전문기자 등 문화·예술 부문 취재를 17년 이상 했다. 선임기자, 편집부국장을 지냈다. 현재는 국제신문 부국장 겸 문화라이프부장으로 있다. 부산대 예술문화와 영상매체 협동과정 대학원 미학 석사 과정에서 공부했으나 학위는 못 받았다. 제1회 효원 언론인상, 한글학회부산지회 공로상, 라이온스봉사대상 언론 부문상을 받았다. 현재 인문 무크지 『아크』 편집위원이다.

허무의 쓸모-
허무 실용주의를
만나다

사회부 기자 시절이었다. 부장은 좋은 사람이었다. 그런데 언론인으로서 사명감이 너무 강했다. 우리 사회에 의미 있는 기사를 다른 매체가 먼저 보도하는 것을 참지 못했다. 평소엔 그렇게 친절한 분이 현장 기자가 기사를 뺏기면_{다른 매체가 먼저 보도하면}, 변해버렸다.

"다른 신문에 이런 보도가 났는데 이게 어떻게 된 거니? 너는 이 내용을 파악하고 있었니?"라고 묻지 않고, "이거 어떻게 할 건데?" 또는 "야 임마! 이기 어떻게 된 기고?"하고 고함부터 칠 때도 있었다.

당혹과 난처의 기억

아직 이른 시간이었고, 미처 출입처에 출근도 하지 못한 나는 그 날치 다른 신문을 보지도 못한 상황이었다. 그럴 땐 이분이 왜 이렇게 화가 난 건지 알 수도 없었다. 그때의 당혹과 난처를 여기에 다 표현할 수 없다.

그날도 전화는 걸려 왔다. 내가 공들여 전송한 기사 계획이 부장의 컴퓨터에 닿자마자 벨이 울렸다. 부장은 나더러 미친 거 아니냐고 고함쳤다. 지금도 나는 그 기사 계획이 뭐가 그리 잘못됐는지 잘 모르겠다. 폭풍우가 몰아쳤고, 통화는 끝났다. 얼얼하고 당황스럽고 부끄럽고 아팠다. 하지만 대책은 세워야 했다.

그 길로 출입처에서 나와, 자료가 잔뜩 들어 무거워진 노트북 가방을 메고, 버스를 타고, 그 주제와 관련된 상담 전공 교수의 연구실로 찾아갔다. 상담 전문가는 달랐다. 연구실로 들어서는 내 모습만 보고도 뭔가 느낀 듯했다. 편하게 대해주었다.

우물쭈물 용건을 교수에게 이야기하는데, 서러움 같은 게 올라왔다. 내 기억에 내 눈에 눈물이 비쳤던 것 같다. 운 건 아니다. 눈물이 조금, 아주 조금 올라왔다. '취재하러 온 사회부 기자가 이게 무슨 부끄러운 꼴인가' 하는 생각을 잠시 했던 것 같다.

상담과 경청의 힘

교수가 차분한 목소리로 말했다. 이미 내 상태를 어느 정도는 눈치채고 있었던 듯했다. "제 방에 와서 자기 이야기를 풀어놓고만 가시거나 조금 울다 가시는 분도 꽤 있어요." 희한하게 그 말이 위로가 됐다. 지금도 생생히 기억날 만큼 위로가 됐다.

그날 하루 내내 나는 단 한 끼도 먹지 못했다. 먹을 기분이 들지 않았다. 먹는 걸 정말로 좋아해서 맛있는 음식을 지금 먹고 있으면서도 '아! 이 맛난 음식을 다 먹고 나면 그다음엔 또 뭘 이어서 먹지' 하는 상상을 하곤 하던지금은 안 그렇다 내게 이건 평생의 전무후무한 사건이었다.

그때까지 내게 '그날 마음의 상처를 받아 기분이 안 좋았던 그녀는 단 한 끼도 먹지 못했다'와 같은 소설 속 문장은 일종의, 현실에서는 일어날 수 없는 상상 또는 의미 없는 클리셰 같은 것이었다. 기분은 기분이고 음식은 음식이었다. 그 둘은 그냥 차원 dimension이 다르고 상관도 없는 어떤 것이었다. 그런 일이 내게 일어나다니, 지금도 잘 안 믿긴다.

그렇지만 이 말만큼은 분명히 할 수 있다. 그 교수의 연구실을 나오는 순간부터 나는 상담의 힘을 믿기 시작했다. 심리나 상담, 철학에 관한 책을 이전보다 많이 봤고, '진정으로 그 자리에 있다는 것이 중요하다' '먼저 그냥 안아주라' '경청해 보라. 당신의 몸과 마음에서 힘을 빼지 않으면 자꾸 끼어들려고 하게 되어서 경청할 수 없다. 그래서 경청은 경지이며, 공부하고 연습해야 터득할 수 있다' 등의 가르침을 받아안고 실천하려고 애도 썼다.

내가 변하지 않으면

그런데 문제가 한 가지 튀어나왔다. 상담이나 경청 속에 아무리 좋은 위로의 힘이 있다 한들 내가 더 좋은 쪽으로 바뀌지 않으면, 내가 변화하지 않으면 상담이나 조언의 힘은 발휘되지 않거나 절반만 발휘됐다. 주체나가 변화할 의지나 의욕이 없는 상태에서는 상담이 개입하고 경청이 가동되고 위로가 들어간다고 해도, 한계는 있게 마련이었다.

그때 떠오른 분이 유병근 시인 1932~2021 이었다.

2021년 향년 91세로 타계한 유병근 시인은 통영에서 태어나 오랜 세월 부산에서 시 세계를 가꾸고 부산 시단을 보살핀 그리운 '어른'이다. 그에게서 새롭게 배운 건 '허무'였다. 2015년 시인께서 시집 『어

╱ 유병근 시인

깨에 쌓인 무게는 털지 않는다』작가마을를 펴냈다.

그때 이미 고령인지라, 인터뷰를 진행할지 말지 망설였는데 유병근 시인은 직접 신문사로 나와주셨다. 선생님 계신 곳으로 찾아뵙고 인터뷰하지 않은 것이 지금도 후회된다. 그분이 그때 말한 허무를 내가 이해했는지 오해했는지 여전히 두려움은 있다. 어쨌든 그때 내가 쓴 기사 일부를 옮겨본다.

"내 시는 허무를 찾아간다. 허무 또는 허무의 밑바닥을 알아야 허무에서 탈피할 길을 볼 수 있을 것이기 때문이다." 2015년 9월 15일 자 국제신문 22면 보도

허무를 잘 이해하지 못했고, 허무에 관심을 기울이는 일은 허무하다고 봤던 나는 이 말을 듣고 오래도록 참 큰 위로를 받았다. 허무에 관한 생각도 어느 정도 바뀌었다.

나림 이병주 작가의 문장

알고 보니, 많은 큰 예술가와 철학자가 허무 또는 이와 비슷한 주제와 씨름했다. 최근 만난 문장 하나만 예시로 든다. 대문호 나림 이병주 작가가 1983년 『루쉰·도스토옙스키와의 대화-자아와 세계의 만남』이 책은 바이북스 출판사가 2021년 재간행 머리말에 쓴 글이다.

／ 나림 이병주 작가

"어린 시절 책을 읽을 땐 새로운 세계의 전개가 있었다. 순간순간이 발견의 연속이었고 기쁨의 연속이었다. 읽었다는 것 자체가 일종의 충실감을 동반하기도 했다. 그런데 어느 때부터인가, 나는 차츰 허망을 느끼기 시작했다. 모두들 크고 작은 문제를 스스로의 과제로 하고 열심히 노력한 결과가 예외 없이 그 문제의 심각성만 부각시켰을 뿐 별다른 성과도 없이 그 언저리만 맴돌다가 끝나고 있는 사태를 알았기 때문이다. 이를테면 도스토옙스키의 대문학大文學이 우리에게 가르쳐 준 그 무엇인가가 있다면 인생이란 결국 허망한 것이란 교훈이 가장 두드러진 것이다. 니체도 마찬가지고 루쉰魯迅도 마찬가지고 마르크스도 마찬가지다.

그러나 나는 아니 우리는 도스토옙스키의 허망을 도학자道學者들의 알짱 같은 교훈과 바꿔줄 생각은 없다. 허망 그 자체에서 진실을 본다는 것이 아니라 그와 같은 허망의 프리즘을 통하지 않곤 어떤 진실도 붙잡을 수 없다는 것을 알고 있는 것이다. 허망하기에 진실이 아름답다는 것은 결코 역설이 아니다."

허무와 허망이 꼭 같지는 않을 것이라는 판단과 길지 않은 이 글에 너무 긴 인용문을 넣었다는 민망함이 있다. 그렇다 해도 유병근 시인이 말한 '허무의 밑바닥'이라는 표현과 이병주 작가가 말한 '허무의 프리즘'이라는 글귀 앞에서 나는 지금도 오래도록 움직이지 않고 머물러 있을 수 있다. '허무의 밑바닥을 알아야 허무에서 탈피할 수 있다'는 말이, 다른 사람이 아닌 바로 내게 뜻하는 바를 문득 느꼈다.

노 서렌더 페스티벌

／ 제1회 노 서렌더 페스티벌

노 서렌더No Surrender 페스티벌이라고 있다. '항복 따위 안할 거야' 정도의 뜻이 되겠다. 제1회 노 서렌더 페스티벌을 담은 유튜브 영상이 가장 인기 높다. 제1회 축제의 내용은 이렇다. 스페인 카탈루냐 작은 마을 넓은 터에서 브루스 스프링스틴의 노래 '노 서렌더'를 온 마을 사람과 음악 전문가들이 함께 오랜 시간 연습한 뒤 일제히 같이 노래하고 연주한다. 이 장면을 드론을 비롯해 좋은 장비로 촬영하고 잘 편집해 사람들이 이 노래를 부르며 얼마나 행복해하는지 보여준다. 이걸 유튜브에 올린다. 끝.

이 영상 속 모든 이가 정말로 행복해 보여 나는 오랜 기간 끙끙 앓아가며 다른 많은 이와 한자리에서 이 뮤직비디오를 함께 보는 행사를 가져 보려고 궁리해봤는데, 잘 안됐다. 그럴수록 조바심은 더 커졌다. 그러다 결국, 생각했던 것보다는 작게 몇 번 그런 자리를 마련할 수 있었다. 결과는? 조금 허무했다. 남들 마음이 내 마음 같지 않았다고 느꼈다.

뮤지컬 <레미제라블> 가운데 10주년 기념 런던 로열 앨버트홀 공연 DVD 속 노래가 가장 좋았다. 콤 윌킨슨장발장 필립 퀘스트자베르의 독창을 비롯해 이 DVD의 노래를 교과서 삼아 꽤 많은 곡을 외워버렸다. 쉽지 않았고 긴 세월이 걸렸다. 특히 'On My Own'이나 'Do You Hear the People Sing'에서 영문 가사가 갑자기 빨라지는 대목은 힘겨웠다.

물론, 모임 같은 데서 이런 노래를 할 기회는 좀체 오지 않았다. 그렇다 보니 술에 취하면 열린 뚜껑으로 수증기가 뿜어져 나오듯 이런 노래를 하곤 했는데, 모두 싫어했다. 술주정으로 여겼다. 술에 취해 부르니 노래는 더 엉망이 됐다. 급기야 '행님 동생' 하며 친하게 지내는 한 시인은 내게 "지기쁜다"고 했다. 생각해 보면 이런 것도 좀 허무한 노릇이다. 그래도 모르지. 이 허무가 어딘가에 가서 뜻하지 못한 괜찮은 씨앗을 뿌릴지.

You know your place in the sky

／ 뮤지컬 〈레미제라블〉 중 자베르 역의 필립 퀘스트가 'Stars'를 부르는 장면

열심히 일한 당신, 에게 오는 허무

내가 느낀 허무의 끝판왕은 기사 쓰기이다. 기자로서 나는 기사를 쓸 때 열심히 쓰려고 한다. 밤도 많이 샜다 물론 날이 갈수록 밤샘 작업의 효율은 떨어졌고 딴짓하는 시간이 늘어 결국 망했다. 편집국에서 하도 자주 밤샘 작업을 하려니 수위 아저씨들한테 미안해 토요코인 호텔로 가서 글을 쓰곤 했는데 그러다 보니 우수 고객이 돼버렸다. 자료를 하나라도 더 찾고, 남들이 안 쓰는 수법으로 써보려고 접근법을 궁리하다 보면 '이 기사가 내일 신문에 나가면 과연 반향이 얼마나 클까' 하는 생각에 가슴이 두근두근했다 지금은 안 그렇다.

그다음 날 출근하면 어떤 일이 벌어졌을까? 조용했다. 그뿐이다. 주로 문화면 기사를 많이 쓴 탓도 있겠지만, 어쨌든 그냥 조용했다. 내 옆자리 동료 기자도 내가 무슨 기사를 썼는지 모르는 눈치다. 이때 느꼈던 내 감정이 아마 허무였을 것이다. 물론, 언제나 그랬던 건 아니다. 하지만 확실히 그런 때가 많았다.

1975년 조선일보 신춘문예 단편소설 당선작 제목이 무엇인지 찾으려고, 나림 이병주 작가가 펴냈다는 소설책 86권이 종種일 수인지 권券인지 알아내려고, 1996년 제1회 부산국제영화제 BIFF 때 기자실이 정확히 어디 있었는지 확인하려고, 제1회 한일 프로야구 슈퍼게임 때 박정태가 친 첫 안타가 우전안타였는지

좌전안타였는지 영상을 뒤지느라, 새벽에 노트북 앞에 앉아 인터넷을 검색하고 자료를 파헤치던 시간이 떠오를 때면 내가 과연 그렇게까지 해야 했나 싶기도 했다.

심연에서 만나는 스프링보드

그때 떠오른 분이 유병근 시인이었다. 그는 말했다. "내 시는 허무를 찾아간다. 허무 또는 허무의 밑바닥을 알아야 허무에서 탈피할 길을 볼 수 있을 것이기 때문이다."

그는 허무를 단지 찬양하지도 않았고 허무를 부정하지도 않았다. 허무를 품되, 모든 게 허무한 거야 하는 식으로 삶을 놓아버리지도 않았다. 그에게 허무는 그가 닿아야 할 존재의, 대상의 밑바닥 같은 것이었다. 심연 말이다. 자기는 거기까지 가 봐야 비로소 다음 발걸음을 디딜 수 있다고만 말했다.

이런 그가 삶과 시 앞에서 오만했을 리 없고 허무를 마냥 두려워만 했을 리도 없다. 그는 허무와 친구가 됐다. 때로는 존재를 걸고 허무와 씨름했고 때로는 그저 티격태격했을 것이다. 그러면서 사물과 삶의 깊은 곳으로 다가갔고 필요할 땐 그걸 박차고 도약했다. 허무는 그에게 스프링보드였다. 이게 내게 도움이 됐다. 그 도움의 이름은 위로였다.

그러던 중 주윤발을 다시 만났다. 2023년 10월 열린 제28회 부산국제영화제BIFF에 초청된 주윤발은 부산에 와서 이렇게 말했다. "늙어가는 건 무섭지 않다. 그것이 인생이다. 현재가 가장 중요하다. 나는 언제나 현재에 최선을 다한다."

⁄ 2023년 제28회 부산국제영화제를 찾은 홍콩 배우 주윤발

나는 이 말을 비로소 이해한 것 같다. 작가 김훈이 '칼의 노래'에서 이순신 장군이 마주칠 또는 마주친 허무에 관해 묘사한 이유도 조금 더 깊이 알 수 있을 것 같다.

누군가 수신하고 있다

존재의 밑바닥을 향해 최선을 다하면 그 직후 얼마쯤은 허무해
진다는 것을 많은 사람이 안다. 나도 온 힘을 다해 기사를 써도
내일 아침 좀 허무한 순간이 닥치기 십상이란 걸 이제는 안다.
그렇다 해도 존재를 다 던지듯 임하지 않은 탓에 찝찝한 마음이
남는 것보다 다 던지고 허무해지는 게 훨씬 행복하다. 허무는 스
프링보드 구실도 하기 때문이다.

요즘에는 묘한 일도 일어난다. '피드백'이 미세하게 느는 것
같다. 알고 봤더니 내 발신을 수신해 주는 이가 어딘가에 있기는
있었던 거다. 토론회·원고 청탁·발제 요청이 간간이 들어오는
데, 횟수가 늘었다.

어떤 취지의 의뢰이든 나는 요즘 그 요청을 더 경청하는 편이
다. 들어보고 신중하게 결정하려고 한다. 이 또한 일종의 피드백
이라고 여기기 때문이다.

결론이다. 나는 상담과 경청에서 큰 위로를 받았다. 유병근 시
인의 허무에서도 큰 위로를 받았다. 내가 '허무 실용주의'라는
괴상한 표현을 생각해 낸 이유다.

내가 유병근 시인의 참뜻을 왜곡했을 수 있다. 그렇다면 죄송
한 일이다. 양해해 주시기 바란다.

권명환

서울에서 미학을 공부하고 부산에서 정신과 의사가 되었다. 의대에서 문학과 미술을 가르쳤고 KNN 라디오, MBC 라디오와 TV 닥터인사이드 등의 방송 활동과 강의를 진행하며 대중과 소통하고 있다. 현재 해동병원 정신건강의학과 진료부장으로 사람들의 정서적 뇌와 마음을 돌보고 있다. 저서로 『서툴다고 말해도 돼』(호밀밭)가 있다.

'함께'
외로운 우리 시대의
'위로'

위로가 넘치는데 위로가 드물다. 언젠가부터 진료실에서 가장 많이 듣는 말이 위로받고 싶다는 말이다. 내가 듣고 싶은 위로의 말을 주위에서 해주는데 정작 위로가 안 된다고 고백한다. 위로는 따뜻한 말과 행동으로 괴로움을 덜어주고 슬픔을 달래주는 것이다. 검색창에 '위로'와 '슬픔'을 넣으면 "이 또한 지나가리라."와 같은 긍정의 짤이 화면을 가득 채운다. "힘들고 지칠 때 읽을 문구나 책 추천해 주세요." "'수고했어, 괜찮아. 그만하면 잘했어'와 같은 가사가 있는 노래 추천해 주세요." 위로가 필요한 사람은 적극적으로 찾아다니고, 위로 과잉의 사회는 위로를 판매한다. '마인드카페'와 같은 심리 상담 앱에서는 자신이 위로받고 싶은 전문가를 직접 선택할 수 있다. 수많은 심리 상담사

중에서 얼굴 사진과 "지치고 힘든 시간을 함께해요." "당신에게
따뜻한 힘이 되어 드리겠습니다." 문구를 보고 전문가를 선택할
수 있다. 전화 상담을 하면 전문가가 들려주는 위로의 말을 메모
해서 힘들 때마다 꺼내어 볼 수 있다. 위로에 할인도 해준다. 첫
결제에 50%, 5회권 끊으면 위로 제공에 10% 추가 할인이 된다.
그런데, 나와 얘기를 나눈 대부분의 내담자들은 책이나 노래, 멘
탈 케어 플랫폼이 제공하는 방법이 일시적인 위안일 뿐, 깊은 위
로가 되진 않는다고 말한다. 위안은 기분에 초점을 맞추기 때문
에 변덕스러운 날씨처럼 오래 유지하기가 어렵다. 상황과 감정
상태가 달라지면 이내 사라진다. 우리가 원하는 위로는 이미 수
백 번 반복해서 들은 말이기에 위로의 포인트를 곧잘 비껴간다.

슬픔은 가장 야생적인 사랑이다.

진짜 위로가 필요한 순간은 애도이다. 우리는 이별의 상처를 극
복하는 과정을 애도라고 부른다. 소중한 사람을 상실한 슬픔을
떠나보내고 회복하는 정신의 과정인데, 정신적으로나 육체적으
로 무척 고통스럽다. 프로이트라는 정신분석가는 애도를 노동
에 비유하기도 했다. "소중한 사람이 사라지면 자연스럽게 잊히
는 게 아니라 힘든 노동을 통해서, 사랑하는 사람으로부터 우리

자신을 떼어내는 고통스러운 작업을 해야 한다." 애도가 어려운 본질적인 이유는, 상대가 아니라 나를 포기하는 과정이기 때문이다. 왜 떠나보내지 못할까? 상실한 사람이 몹시 그리워 떠나보내지 못한다고 생각하겠지만 정신분석이 가르쳐주는 교훈은 그 반대의 이야기다. 상대가 사랑했던 나 자신, 상대에게 소중했던 나 자신을 떠나보내지 못하는 것이다. 애도를 통과하려면 상실한 사람을 향한 그리움을 지우는 게 아니라, 그에게 있어서 내가 얼마나 소중한 존재였는지를 지울 수 있어야 한다.

주변 분들이 유족에게 흔히 하는 실수 중 하나가 힘들겠지만 잊으라는 위로의 말이다. 유족을 배려한 말이겠지만 내가 상담한 분들은 공통적으로 그런 말을 들으면 화가 나고 상처받는다고 한다. 잊을 수 없는 사람을 어떻게 잊으라는 건가? 위로의 말이 불편하고 기분 나쁜 경험. 상대는 좋은 의도인데 왜 그토록 불편할까. "시간이 지나면 차차 나아질 거야." "이제 잊고 슬픔에서 벗어나야지. 산 사람은 살아야지." 이러한 위로의 말에는 현재의 슬픔과 고통을 지우려는 의도가 담겨 있다. 슬픔을 극복하게 하려는 의도가 있으면 위로가 되지 않는다. 지금이 아픈데 현재의 고통을 무시하고 축소하는 것처럼 느껴지기 때문이다. "나도 그런 일을 겪어서 이해해."와 같은 위로도 마찬가지다. 상실은 다른 상실로 해석되지 않는다. 슬픔은 사랑만큼이나 개별적이어서 슬픔을 비교하는 동안 정작 내 사연은 지워진다. 통념과 달리 상처를 떠나보내려면 잊으려 애쓰지 말고 반대로 기억해야 한다. 고인과의 에피소드를 금기시하지 말고 유족이 원하면 얘기를 나누는 게 위로가 된다. 애도는 잃어버린 상실의 자리에 말과 글로 탑을 쌓는 일, 애도 일기를 쓰거나 미처 부치지 못한 편지를 쓰고 추억이 깃든 장소를 더듬고 슬픔이 밀려오면 마음껏 우는 것이다. 상실한 사람으로부터 사랑을 떼어내기 위해서는 사랑한 만큼 울어야 한다.

사람들은 슬픔의 부정적인 내러티브를 불편해하는 경향이 있다. 슬픔은 어두우니까 빠져나와야 할 비정상의 상태라는 편견. 사람들은 슬픔의 해피엔딩을 원한다. 하지만 슬픔으로 고통스러운 건 뭔가 잘못된 게 아니라 그 자체로 상실의 증거이다. 사랑의 증명사진이다. 슬픔은 때론 우스꽝스러운 몸짓이다. 동생을 잃고 희극 무대에 오르는 연기자의 심정이 이럴까. 응급실에서 오빠의 시신을 끌어안고 혀로 핥던 여동생을 본 적이 있다. 식탁에 숟가락 하나 사라질 뿐인데, 슬픔은 가장 야생적인 사랑이다. 그날, 바람이 필기체로 허공에 흘려 쓰는 글이 문득 연애편지처럼 보였다. 진료실에서 만나는 상실의 현실은, 끔찍하고 엉망진창이며 모든 걸 무너뜨리는 슬픔이다. 세상에는 인생을 통째로 바꾸는 상실이 존재한다. 아내를 사별한 지 5년이 된 어르신과 얘기를 나눈 적이 있다. "아침에 눈 뜨면 방금 일어난 일처럼 여전히 아프고 고통스러울 겁니다." 이 말에 어르신은 한참을 우셨다. "고마워요. 5년이나 지났는데 아직 그러고 있냐는 말이 내게는 가장 큰 상처였어요." 어르신께는 과거의 슬픔에서 벗어나라는 위로의 말이 상처였던 것이다. 슬픔은 해결이나 극복이 아니라 이해받고 지지가 필요한 경험이다.

위로의 오해와 불시착

위로가 가능하려면 공감이 전제되어야 한다. 위로가 어려운 건 공감이 어려워서가 아닐까. 위로가 불시착하는 가장 흔한 이유는, 공감이 아닌 동정에 가깝기 때문이라고 생각한다. 정신과 의사들은 공감과 동정을 구분해서 이해한다. 공감empathy은 타인의 감정을 이해하고 공유할 수 있는 능력이다. 고통을 겪는 사람의 관점으로 세상을 바라보고 느끼고 이해하는 것이다. 공감은 그를 이해하기 위해 나 중심의 세상에서 한 발짝 벗어나는 일, 나의 스위치를 잠시 꺼두는 노력이다. 그에 반해 동정sympathy은 안쓰럽고 불쌍하게 여기는 마음, 동정은 고통을 겪는 이의 아픔을 이해하는 것처럼 보이지만 그 아픔에 개입하지는 않는다. 상대의 존중보다 내 마음에 울리는 감정에 의존하는 경우가 많다. 나와 상대 사이에 구획을 나누고 경계 짓는 일이다. 결국 공감은 상대와의 연결에 연료를 제공하지만 동정은 종종 단절로 이끈다. 우리가 건넨 위로는 공감이었을까, 동정 혹은 연민이었을까?

　위로가 어려운 근본적인 원인으로, 위로받고픈 포인트와 진짜 위로가 되는 포인트가 다른 심리적인 이유가 있다. 내가 원한 게 내가 원했던 바가 아닌, 위로의 패러독스. 즉, 내가 원한다고 믿는 게 허상이고 내가 원하는 무의식적 진실은 다른 데 있다는 것이다. 임상의 정신분석에서 확인하는 무의식의 진실, 아버지를 사고로 잃고 몇 년째 우울한 내담자가 있었다. 약으로 조절되지 않는 깊은 우울이었다. 평소 아버지를 미워했지만 막상 다시 볼 수 없으니 마음이 괴롭다고, 그래도 아버지에게 좋은 딸로 기억되길 바랐다. 주변에서 수백 번의 위로를 들었다. "그 정도 갈등 없는 부녀 사이가 있겠니. 넌 그래도 최선을 다했어." "괜찮아, 넌 좋은 딸이었어." 하지만 그녀에겐 위로가 되지 않았고 마음이 더욱 불편했다. 분석을 진행하면서 알게 되었는데, 그녀는 매년 아버지 기일쯤에 사고를 당했다. 늘 다니던 길을 걷다가 다리를 접질렸고, 다음 해엔 운전하다 교통사고로 다치고, 다음 해엔 손가락이 부러졌다. 아프고 괴로울 텐데 그때 표정이 가장 편안해 보였고 실제로 마음이 평온한 순간이었다. 그녀는 괜찮다는 위로의 말보다 죄책감을 해결하기 위해 무의식적으로 다치고 싶었던 것이다. 사고든 어디 한 군데가 부러지든, 자신을 벌주는 게 비록 건강하지 못한 방식이지만, 그녀에게는 죄책감을 해결하는 위로였다.

모든 존재에는 깊이를 가늠할 수 없는 심연이 있다.

위로를 거래하는 사회에 신종 사기까지 등장했다. 진료실에서 '로맨스 스캠'의 피해자를 의외로 자주 만난다. 어색한 번역 투말투, 어법에 맞지 않는 문장. '킴 카스트로'는 페이스북 이용자라면 한 번쯤 들어봤을 '로맨스 스캠' 사기 인물이다. 뻔한 어설픈 범죄에 당하느냐는 생각도 들지만, 인스타그램의 다이렉트 메시지로 큰 금액을 사기당한 분들은 다른 얘기를 들려준다. "잘 잤어?", "저녁 먹었어?", "하루 잘 보냈어?" 등의 평범한 안부를 묻는 말. 감기 몸살일 때는 "약 먹었어?", "아프지 마."라고 위로하던 말. 자신도 모르게 조금씩 스며들었다고 한다. "그깟 대화가 뭐라고 나도 모르게 기다리고 있더군요." '킴 카스트로'가 여성이 아닌, 남성 범죄 조직원이란 사실을 알고도 계속해서 돈을 건넨 분의 말이 떠오른다. "거짓인 걸 머리로는 알지만 나는 아직도 내 얘기를 들어주던 그녀를 믿고 있어요." 20세기가 고독한 군중의 시대였다면 21세기는 '함께' 외로운 시대이다. 한국에서는 정情이라는 테두리에 타인을 이웃으로 묶지만 사실 이웃이란 불편한 침입자에 가깝다. 우리를 불안케 하고 혼란에 빠뜨릴 수 있는 타인이다. 가장 끔찍한 타인은 원수의 집안에 있지 않고 층간 소음으로 괴롭히는 윗집에 산다. 오늘날 남에게 피해를 주지 않는 한 침해당하지 않을 권리를 요구한다. 지하철에서 이어폰을 꽂고 어슬렁거리는 청년을 떠올려 보라. 다들 무신경하게 지나치지만 이어폰을 빼고 큰 소음을 낸다면 태도가 달라질 것이다. 인적 드문 어두운 골목길에서 안주머니에 손을 넣은 사람을 마주치면 섬뜩함이 느껴지지 않을까.

우리는 '그깟 대화'의 위안에 목마른 동시에 호신용품 품절 사태가 빚어지는 '함께' 외로운 사회에 살고 있다. 서울 신림동에 이어 분당 서현역에서 발생한 '묻지마' 흉기 난동 사건은, 이웃과의 관계망에서 공감의 좌표와 가장 대척점에 있는 현상이 아닐까. 우리가 '위로'에 물어야 할 질문만큼이나 '묻지마'에 물어야 할 질문이 많다. 유럽과 미국뿐만 아니라 일본에서도 '도리마通り魔', 길거리 악마라 칭하는 '묻지마' 범죄가 심각하다. '묻지마' 범죄 5건 중 2건은 사회적으로 고립된 자의 화풀이 범죄라고 한다. 그들은 무엇을 증오하고 왜 그토록 화가 난 걸까. 무한 경쟁의 플랫폼에서 도태되는 개인이 속출하고 날이 갈수록

빈부격차는 심화된다. 지금까지 은폐된 불평등과 혐오, 착취와 같은 현대사회의 구조적 모순이 기괴한 모습으로 되돌아온 듯하다. 새로운 계층의 일그러진 계급투쟁, 그들도 이해받길 원했을 것이다. 한때 위로받고 싶었을 것이다. 우리는 대화 부재에 살면서 역설적으로 대화가 넘치는 일상을 살고 있다. 의사소통은 어쩌면 성공적인 오해이다. 온라인에 넘치는 온갖 종류의 대화에도 사람들은 불안하고 외롭다. 위로가 불통인 상황에서 우리가 잃어버린 게 무얼까? 모든 존재에는 깊이를 가늠할 수 없는 심연이 있다.

위로의 거리, 공감과 우호적인 무관심

위로의 거리는 몇 센티가 적절할까. 최근 사회적인 이슈가 된 교사 사망 사건을 보면서 든 생각이다. 2021년 경기도 의정부시의 호원초등학교의 교사 2인이 6개월 간격으로 사망했고 서울 서이초등학교의 교사가 올해 7월에 사망했다. 엉뚱하게도 비난의 화살이 '금쪽같은 내 새끼' 프로그램과 육아 멘토로 향했는데 그들의 잘못만은 아니라고 생각한다. 젖을 원하는 요구에 먼저 젖을 준 것뿐이다. 부모의 요구에 민감하게 부응한 대가로 이익을 얻는 게 잘못은 아닐 거다. 다만 극심한 배고픔도 아닌데 계속해서 젖을 주는 게 옳은 방향일까? 아이들에게 젖을 떼게 하는 것, 원하는 걸 하되 책임지게 하는 것. 그런 목소리가 필요하다고 믿는다. 모든 아이가 금쪽이라면 그런 아이들의 세계는 과연 아름다울까? 아이는 부모의 소유물도, 부모의 못다 이룬 꿈을 실현시키는 대리인도 아니다. 내 아이의 마음을 세심하게 읽고 위로해 달라는 요구는 종종 악성 민원으로 둔갑한다. 거기엔 '내 새끼 건드리면 내가 가만히 안 있어'의 비뚤어진 심리적 동일시가 내재되어 있다.

누구나 위로받기를 원하는 사회의 비뚤어진 자화상으로 보인다. 공감은 한없이 상대의 마음이 되는, 하나를 지향하는 게 아니다. 진짜 공감은 상대의 입장에 서서, 상대와의 차이를 인정하는 데서 시작한다. 누군가와 친해지려면 비슷한 성향이나 취미, 공감대를 형성하는 것만으론 한계가 있다. 무엇보다 서로의 차이를 받아들이는 지점에서 친밀함이 싹튼다. '사람들 사이에 섬이 있다 / 그 섬에 가고 싶다.' 정현종 시인이 말한 섬은 어쩔 수 없는 존재의 간극이 아닐까. 사랑의 목적이 하나가 되는 것이라면 그건 사랑의 종말이다. 사랑은 하나의 무대에서 두 사람이 펼치는 공연 같은 거, 상대를 희생하거나 훼손하지 않으며 둘이 하나의 공연을 만들어 가는 무대. 선생님이 가족이나 친구 같다면 좋은 선생님일까? 모두가 친구 같은 선생님을 원한다면 어떻게 될까. 너무 가까운 거리는 차이를 뭉개고 상대를 파괴하는 압력으로 작용할 수 있다. 내 마음일 뿐이라는 것, 내 마음이 상대를 침범할 수 있다는 것, 내 마음은 내가 감당해야 한다는 것. '우호적인 무관심'이 친밀함보다 더 나은 거리일 수 있다. 연이은 교사 사망 사건을 보면서 나는, 선생님과 학생의 적당한 거리가 유지되길, 그 거리를 존중하길 바란다. 선생님이 학생이나 학부모와 조금은 어려운 관계였으면 한다. 한없이 온화해 보이는 위로와 공감이 가진 은폐, 그 기만적인 의도를 애써 모른 척해야 할까. 숨진 의정부시의 호원초등학교 교사는 장기 결석하는 아이의 학부모와 수많은 문자 메시지를 주고받았다. 400건의 문자를 주고받는 관계는 이제 막 사랑에 빠진 연인이거나 악성 민원의 갑질 관계밖에 없다. 내 아이에 대한 공감의 요구는 곧잘 악성 민원과 갑질로 돌변한다.

위로가 오남용되고 공감의 요구에 부응하는 방식이 다양화된 오늘날, 역설적으로 사람들이 점차 충동적으로 폭력적으로 변해 가는 데는 이유가 있다. 우리 아이에게 좀 더 공감해 달라고 요구하지만, 공감은 가까운 동시에 서로의 차이를 인지하고 적절한 거리를 유지하는 거라 믿는다. 금쪽이에게 '우호적인 무관심'의 거리가 어떨까. 내 아이는 공동체의 구성원이라는 것, 공동체의 평범한 일원일 뿐이라는 것, 젖을 떼는 것, 우리는 차이라는 것, 책임지는 것. 비단 금쪽이에만 해당할까. 우리가 위로의 거리로 공감과 더불어 한 번쯤 '우호적인 무관심'을 떠올리면 어떨까. 물고기를 잡으려면 어부의 마음이 아닌, 물고기의 마음이 되어야 한다. 슬픈 이에게는 슬픔의 동반자로 함께 걷는 것. 때론 조언이 가장 게으른 대화다. 진부한 조언은 대화의 문을 닫을 뿐이다. 그저 솔직한 마음을 표현하면 된다. 마음이 아프다고, 널 아끼고 내가 뭘 어떻게 해야 할지 모르지만 묵묵히 네 곁에 있을 거라고. 위로는 고통과 슬픔을 극복하게 만드는 게 아니다. 위로는 상대의 고유한 고통과 슬픔을 존중하는 데서 출발한다.

애도는 잃어버린 상실의 자리에
말과 글로 탑을 쌓는 일,
애도 일기를 쓰거나
미처 부치지 못한 편지를 쓰고
추억이 깃든 장소를 더듬고
슬픔이 밀려오면 마음껏 우는 것이다.
상실한 사람으로부터 사랑을 떼어내기
위해서는 사랑한 만큼 울어야 한다.

슬픔은 해결이나 극복이 아니라
이해받고 지지가 필요한 경험이다.

천정환

성균관대 국어국문학과 교수로 부산 출생이다. 한국 현대 문화사와 문학사를 연구하며 독서사, 잡지, 스포츠 민족주의, 자살, 대중지성, 검열 등 다방면의 주제에 관한 방대한 책을 써왔다. 최근작은 『숭배 애도 적대- 자살과 한국의 죽음 정치에 대한 7편의 하드보일드 에세이』다.

위로의 변증법과
복수하려는
마음

위로의 변증법

젊은 나이에 세상을 떠난 한 친구가 있었다. 똑똑하고 아름다운 30대의 애기엄마이자 연구자였다. 같이 하던 공부 모임에서 갑자기 사라졌다가 다시 나타난 어느 날, 그녀는 자기가 희귀암 환자라고 친구들 앞에서 고백했다. 수술을 받았지만 앞날을 알 수 없다고 눈물을 지으면서 말했다. 자기가 죽으면 네 살, 일곱 살인 아이들이 어떻게 살지 걱정하는 말부터 했다.

당자가 느끼는 두려움이나 좌절감 같은 건 짐작조차 할 수 없지만, 나와 친구들은 크게 놀랐고, '당연히' 그녀를 위로했다. 나는 암으로 떠난 어머니 이야기도 하고 잘 이겨낼 거라고도 한 거

같다. 과연 어떤 말의 비늘 하나라도 그녀에게 힘이 되었을지는 모르겠다.

그러고는 몇 달 뒤에 그녀는 고향으로 돌아갔고 세월이 흘렀다. 간혹 이메일로 간단한 소식을 주고받았다.

그녀가 보낸 마지막 메일을 잊을 수 없다. 수술 후 암이 재발했고 고통이 심하여 박사논문 집필을 중단했으며, "의욕 상실" 상태라고 했다. "뜻대로 되는 것이 없네요"라고 썼다. 하고 싶었던 일을 잘 해내고 있는 친구를 보고 질투도 나고 "따라주질 않는 몸 때문에" 우울하다고 했다.

말미에 아프고도 충격적인 문장이 있었다. 나는 죽음의 의미나 '돌이킬 수 없는 것'에 대해 생각할 때면 그녀의 이 문장을 떠올리곤 한다.

"저도 나중에 이런 일들을 돌아보고 웃을 날이 있겠지요?"

이메일을 받은 지 얼마 후 그녀가 세상을 떠났다는 소식이 들려왔다. 그녀가 어떤 임종을 맞았는지 모른다. 짧은 생이나마 잘 정리하고, 남은 아이·가족들과 슬프지만 웃으면서, 잘 이별하고 떠났는지도 모른다. 세상에는 아름다워도 짧은 인연도 있으니까. '결국 이 고통도 다 지나가고, 돌아보고 웃을 날이 있겠지요.' 젊은 그녀로서는 당연히 할 수 있는, 아니 해야 하는 말이었겠지만, '나중'도, '이후'도 없었다.

고통받고 있는 스스로든 타인이든 위로할 때 "이 또한 지나가리라"고 한다. 이 말은 실제로 상당히 많은 경우에 진리다. 시간이 인간을 저절로 고통의 매트릭스로부터 빼내 온다. 이 말은 그럴 때 진정 위로가 된다. 살아있는 동안 그렇다.

그러나 회복되지 않는 상실, 위로받기도 어려운 상실도 이 세상에 무수히 있다. 저 젊은 엄마의 죽음, 세월호의 학생들, 산업재해로 숨진 청년 김용균들, 그리고 작년 10월 29일의 밤과 30일 새벽에 이태원의 길바닥에서 목숨을 잃은 청년들도 그런 경우라 생각한다. 가자 지구나 우크라이나에서처럼 전쟁과 학살로 수없이 젊은 목숨을 고의로, 강제로, 빼앗기는 경우는 상상도, 말도, 못 하겠다.

세상이 이같은 비참과 고통으로 가득 차 있기 때문에 오히려 위로가 필요하다. 갑자기 떠난 사람들을 위해서, 그들은 더 이상 세상의 말과 소리를 들을 수 없지만 아주 절실한 위로의 말과 진혼의 굿이 필요하다.

살아있는 우리/사람들에게는, 살아있음 자체가 너무나 뻔뻔하게 느껴진다 해도, 살아있기 위해서, 살아가기 위해서, 살아있음의 저 곤란한 진리를 유지하기 위해서, 이 취약하고도 용렬한 존재가 존재로서 유지되려면 위로와 긍정의 당의정이 늘 필요한 것이다.

그러니까 삶/죽음 앞에 우리는 위로의 모순이라는 쳇바퀴 속에 들어 있다 하겠다. 위로가 불가능하고, 회복 불가능하기 때문에, 늘, 자주, 위로가 필요한. 이 문제는 개개인의 삶/죽음에 관여되면서 또 그 차원을 넘는다. 그래서 '애도'라는 사회적 수행과 복잡한 의례가 있다.

법과 위선의 체제: 사형제 부활 여론에 나타난 분노와 복수심

위로가 존재자의 한계 앞에서 막히는 그 지점에서 우리는 어떻게 하나?

　지난여름, 도심의 지하철역과 쇼핑몰에서 끔찍한 '묻지마 범죄'를 저지른 '흉악범'이 나타나자, 사람들은 사형제의 부활을 요구했다. 사형제나 유예해놓은 사형의 실시가 흉악범죄나 '묻지마 범죄'를 막을 수 없다는 것 정도를 사람들이 모르지는 않는 것 같다. 그럼에도 사람들은 분노에 타올라 사형제 부활을 부르짖고, 이를 본 간교한 법무부장관이나 대구시장 같은 자들 _{그들은 모두 법관 출신이다}은 '사형제 부활'을 운운하며 '간보기' 했다. 초등학교 젊은 선생님들의 죽음 앞에서도 그랬다. 사람들은 '가해 학부모'의 신상을 털고 그들의 직장에 압력을 넣어 잘리도록 했다.

　그 마음은 정의에 바탕한 분노고 복수심이라 생각한다. 한국

사회에는 분노와 복수심의 마그마가 여기저기 산재한 오름 아래에서처럼 잠재된 것처럼 보인다. 위로가 불가능할 때, 회복할 수 없는 상실일 때, 피해자가 너무 젊은 죽음일 때, 그것은 분출구를 찾아 솟는다. 우리그들는 정의를 구한다. 복수를 요구하는, 또 댓글이나 '신상 털기'처럼 작은 것이라도 유사 복수를 직접 행하는 사람들은 어쩌면 피해자의 상황에 동일시하는 '공감의 달인'들일지도 모른다.

물론 이 공감은 불균질하고 그 밀도와 강도도 예측 불가능한 성질을 띤다. 우리그들는 '모든 정의'나 일관된 보편적 정의를 구하지 않고, 눈에 띄고, 불의와 구체적인 서사를 지닌 불의에 대해 분노한다. 그래서 그것은 한마디로 불완전하다. 하지만 그것이 그리 큰 잘못은 아니라 생각한다. 우리그들는 신이 아니며, 아니 정의로운 신 따위는 없으며, '모든 정의'나 일관된 보편적 정의는 불가능하기 때문이다. '모든 정의'나 '보편적 정의'의 명제가 대부분 위선이며 무기력하다는 것을 그들은 안다.

그런 복수심은, '인권'이 중요하다 늘 말은 하지만 실질적 인권의 보편적 실현은 전혀 불가능한 여러 한계와 '위선'의 사회체제의 한계를 보여준다. 그것은 법치주의와 자유민주주의가 다다른 한계이기도 하다. 그러나 인간이 만든 제도적 '위선'이야말로 불가피한 차선인 것을 어쩌랴. 그러니 계속 말로만이라도 인권과 민주주의를 옹호하고, 가자와 이스라엘 민간인들의 죽음을 함께 슬퍼하며, 극단주의를 비난하며 한국에서는 사형제를 유지하고 '위로'해야 한다.

윤석열식 법치의 의미

물론 그러는 동안에도 사적 복수는 만연하고, 복수심을 대리 충족하는 유튜브 채널과 드라마도 수없이 만들어진다. "흔히 하는 말대로 '지연된 정의는 정의가 아니'다. 이 사회에는 너무 정의와 법적 공정이 부족하기 때문이다." 한국 사회의 전체 수준은 '위선'보다 훨씬 아랫길에 있는 거 같다.

　정치인으로서 완전히 아마추어이며 세계의 온갖 문제에 대해 신기할 정도로 무지한 '특수통' 검찰총장이 정계로 간 지 1년 만에 곧장 대통령이 된 나라의 패러독스다. K-법치의 패러독스는 윤석열의 부인과 장모가 부패의 화신이라는 데 그치지 않는다. 윤석열은 낙마한 '법 모르는' 대법원장 후보와 '조각 같은' 법무부장관들과 함께 법의 언어와 인적 구현, 실행체계 전반의 한계, '정치의 사법화'의 막다른 지점을 보여준다. 그러나 긴 역사에서는 아주 작은 막간극에 불과할 것이며 막간극이라도 짧을수록 좋다고 생각한다.

후쿠시마의 정의

2015년 가을 나는 몇몇 연구자들과 후쿠시마에 갔었다. 미증유의 절멸의 현장이 있고, 우리 약한 개별자들이 몸담은 이 폭력적인 세계에는 확실히 '인식의 국경' 내지 '고통의 국경' 같은 것이 있다고 생각했기 때문이다. 후쿠시마는 사실 가깝다. 서울에서 네댓 시간이면 갈 수 있다. 여전히 사람이 아예 살지 못하는 마을町들과 2011년 3월 11일 오후 2시 46분 그대로 시간이 멈춘 채 방치된 바닷가 폐허와, 세계사적 장소가 되어버린 '제1 원전'의 주변까지. 그곳을 걷거나, 또는 차에서 보면서 통과했다.

후쿠시마는 내 빈약한 지식이나 경험을 완전히 초과하여 미분할 수 없는 큰 '덩어리'고 현재 진행 중인 사건이었다. 나아가 후쿠시마와 그 재앙의 후과는 인류의 인식과 문제 해결 능력 바깥에 있다고 보였다. 물론 일본 정부와 도쿄 원전은 그래도 뭔가 상대적으로 많은 것을 알고 있고 힘을 가진 존재이지만, 오염수 방류 문제에서도 보듯 여전히 그들은 무기력하고 정직하지 못하며 돈에 휘둘린다. 후쿠시마의 밭과 산에는 검은 용기에 든 오염토도 차곡차곡 쌓여있다. 후쿠시마 땅을 뒤덮은 시커먼 산과 같은 그것을 처리할 데는 없다. 이 절멸과 카오스는 뭐냐? 국가와 자본 따위는 물론, '과학'과 '역사'의 한계에 관한 것이 여기에 걸려있는 것이다.

사람들의 슬픔이나 상실은? 후쿠시마 답사의 마지막 날 여정 중에, 우리를 안내해주던 시민단체 활동가는 다시 일본 정부의 정책을 비판하는 말을 이어갔다. 나는 그에게 무식하고도 단호하게? 물었다. "무엇부터 해결되었으면 하고 바라시는 건가요?" 쇼트커트 머리가 잘 어울리는 그녀는 원래 원전 인근 고등학교에서 평생 교사로 일했다던 중년 여성이었는데, 3.11 이후에 인생이 바뀌었다 한다. 3초 정도 생각하더니 의외의? 답이 돌아왔다. 단호했다. "제대로 된 진상 조사와 진심 어린 사과."

내색하지는 않았지만 말을 듣고 나는 속으로 '울컥'했다. 그 바로 1년 전 2014년 4월에 300여 명의 학생·시민이 수장된 세월호 사건과 그 처리 과정을 떠올렸다. 한국에서는 세월호 생존자와 유가족들이 파렴치한이나 죄인처럼 되기도 했었다.

한국에서는 피해자가 숨죽이고 사는 역사가 되풀이되어 왔다. 지금은 학살과 고문은 없다지만, 산업재해와 자연재해는 더 커졌다. 일본에서도 후쿠시마 출신 청년들이 출신을 숨긴다고 한다. 원전 사고에 관련해서도 처벌받은 공무원과 책임진 도쿄 원전 간부가 없다고 들었다. 그렇게 권력과 정부라는 것은 비슷한 것인가. 오염수는 어떻게 할 건가. 인간이란 존재는 그런 사고를 치고는 그냥 버려두는 것인가.

그 사이 세월은 또 쏜살같이 흐른다. 반감기라는 게 있고 인간의 육신과 마음은 그보다 더 빨리 늙고 소진된다. 나에게 저

이야기를 들려주었던 전직 교사는 그사이에 암으로 돌아가셨다. 방사능 노출과 유관한 일인지는 잘 모른다.

나는 올해 봄 후쿠시마 출신의 '괴물 투수' 사사키 로키지바 롯데 마린즈의 사연과 <스즈메의 문단속>이라는 영화를 보고 깜짝 놀랐다. 또 다른 진리 앞에서 멍해졌고, 압도되었다. 멍청하게도 그런 서사가 가능하리라고는 상상도 못했었던 것이다. 사사키 로키와 스즈메의 아름다움과 젊은 힘은 '위로'임에 분명한데, '진상규명'과 '책임자 처벌'과는 영 다른 차원에 있는 진리를 가진 것 아닌가. 나는 선량한 인류세론자들이 말하는 종말론을 믿지 않는다. 인류는 잘 망하지 않는다. 인류는 기억력이 나빠 희생을 잊고, 살아있는 자에게는 위로가 필요하며, 앞으로 나아가는 관성에 지배되는 종류의 존재다.

한국에 적용하면 어떻게 되나? 뒤틀린 한국의 정의는 아까도 말했지만 단지 '검찰독재'와 사법체제의 뒤틀린 상황만이 아니라 총체적이며, 누적적이다. 이 나라는 태생부터 청산되지 않은 과거사와 '지연된 정의'의 나라다. 전두환마저 천수를 누리고 90세에 죽었다. 제기랄, 그러면 좀 어떤가? Rhythm of Korea 한류는 너무 신나고, 한국경제는 세계 6위고, 국가대표 축구팀은 손흥민과 함께 연승 중이다. 아니 그보다는 젊은 손흥민은, 뉴진스와 신유빈은 너무나 젊고 상큼하지 않은가. 영화 <왕십리 김종분감독 김진열, 2021>에 나오는 스물다섯 살짜리 청초한 김귀정 '열사'1966~1991의 요절과, 그 어머니 김종분의 끈질긴 삶과 또 그 조카 수영선수 정유인의 건강한 아름다움을 예로 들어도 된다고 생각한다. 정유인은 이모 김귀정과 다른 시대, 다른 삶의 몫을 살아내면 된다. 물론 정확한 '기억'과 정당한 '청산'이 사회를 더 건강하게 만든다고 할 수는 있다.

10.29 이태원참사 1주기를 생각하며

산자의 살아냄도 진리이지만 해결은 아니다. 젊어 억울하게 죽은 목숨이 돌아오지는 않는다.

광주항쟁이나 4.3 같은 정치적 사건뿐 아니라 후쿠시마의 교사가 말했듯 모든 사건의 정의는 두 가지 기본 요소에 의해서 실현된다. '진상 규명'과 '책임자가해자 처벌'이다. '진실한 사과'도 물론 필요하지만 대부분 언감생심이다. '진상 규명'과 '책임자 처벌'이 불가능할 때, 그것이 이뤄지지 않는 사회일 때, 우리는 늘 복수를 원하게 된다. 물론 피해자가 복수複數이며 문제가 정치·사회적일 때와 개인적인 것일 때의 방법은 좀 다른 듯하다. 두 경우는 언제나 상호 침투하며 영향을 주지만, 전자는 덜 구체적이다.

물론 어느 경우든, 육신과 뇌를 가진 존재로서 유가족과 피해자들은 한恨과 트라우마를 안고 살아간다. 실로 '한'이란 지극히 근대적인 개념으로서, 지연된 정의, 실현될 수 없는 해원을 말함이 분명하다. 지난봄에는 건설 노동자가, 또 9월에는 택시 노동자가 스스로 목숨을 끊었다.

그러니 이 사회에서는 유가협이라든가 (사)4.16 세월호 참사 진상규명 및 안전사회 건설을 위한 피해자 가족협의회 같은 조직은 얼마나 가슴 아프고도 소중하며, 또 4.16재단이 추진한다고 하는 "재난피해자권리센터가칭"는 얼마나 고마운가. 슬픔으로 견디는 이태원참사 유가족 모임과 김용균재단도.

이승원

서울대 아시아도시사회센터 부센터장, 시시한 연구소 공동 소장, 지식공유 연구자의 집 운영위원, 커먼즈 네트워크 활동가, 『우리는 왜 쉬지 못하는가』 저자이다. 1969년 서울 출생. 서강대학교 철학과 졸업 후 영국 Durham 대학교, Newcastle upon Tyne 대학교, Essex 대학교에서 각각 철학, 국제학, 정치학을 공부한 후 현재 대학에서 정치철학, 민주주의, 세계 시민, 커먼즈, 포퓰리즘 등을 강의하고 있다.

위로, 연대,
그리고
우물물 한 동이

위로는 불안을 전제로 합니다. 그리고 불안은 혼자서는, 소위 타인의 욕망에 자신을 맞춰가면서 소비 능력을 키워가는 '자기 계발'을 통해 스스로 이겨내기는 어렵습니다. 불안은 아무리 자기 계발을 하더라도 도달해야 할 지점이 어디일지 불확실하고, 그래서 지금 내가 아무리 힘들고 지쳐도 견뎌야 할 이유가 분명치 않을 때 커져 갑니다. 어디에서부터 어떻게 시작되었는지조차 혼란스러운 이 힘들고 지침의 끝없는 반복을 스스로 멈추지 못하거나, 멈춘다 한들 그다음 내 앞엔 어떤 삶이 펼쳐질지 불확실할 때 불안은 나를 더 움츠리게 합니다. 그래서, 사람들은 이 불안의 이유를 찾고, 이 불안을 벗어나기 위해 신의 말씀에 귀를 기울이기도 하고, 점집을 찾기도 하고, 가족, 친구, 동료, 스승,

의사 등을 찾아 상담받기도 합니다. 혹은 뭔가 생기를 얻기 위해 자신에게 맞는 취미 생활을 하기도 하고, 거리에 나가 시위를 하거나, 민주주의를 생각하기도 합니다. 따뜻한 말 한마디가 이 불안을 떨칠 큰 위로가 되기도 하고, 혹은 절망의 늪 속으로 밀어 넣기도 합니다. 내 아픔을 이해하고 슬픔을 공감할 친구, 응원해 주는 좋은 사회운동 단체를 만나거나, 어떤 희망을 보여주는 정치적 변화를 느껴도 위로가 되고 힘을 얻습니다.

불확실성. 지금 이 순간 과거, 현재, 미래, 그리고 우주 그 어느 곳에도 동시에 존재하면서 모든 것을 알고, 그 모든 것의 상태와 변화를 결정하는 신이 아닌 이상, 인간은 불확실성 안에 사는 존재입니다. 다른 생명체도 마찬가지일 것입니다. 불확실성은 인간, 아니 모든 생명체에게 뭔가를 준비하게 합니다. 자신에게 영향을 끼칠 예상치 못할 무엇인가가 언제 어떻게 닥칠지 모르기 때문입니다. 물론, 반복되고 익숙해진 것에 대해 미리 대비하기도 합니다. 마치 돈을 마련하기 위해 열심히 일자리를 찾기도 하고, 야근을 마다하지도 않고, 마치 가을 한복판에 들어서면 겨울옷을 준비하듯 말입니다.

불확실성과 불안은 불가분의 관계입니다. 그리고 불확실성과 불안은 우리가 끊임없이 무엇인가 준비하게 합니다. 하지만, 이

넓은 세계 한복판에서 홀로 이것을 견뎌내기는 나 자신이 너무 미약하고 초라합니다. 기후 위기, 재해와 재난, 전쟁을 막는 것은 물론, 오늘 내가 입은 곳, 먹는 음식, 이용하는 교통, 통신, 교육, 의료, 에너지, 돌봄 기반을 나 혼자 로빈슨 크루소처럼 다 감당할 수 없습니다. <나 혼자 산다>라는 리얼리티 프로그램을 봐도, 출연자는 결코 나 혼자 모든 것을 해결하지 못합니다. 오히려 혼자 산다는 것이 사실은 얼마나 많은 관계를 필요로 하는지를 보여주고 있습니다. 그래서, 사람은 협력해야 살 수 있습니다. 협력을 위해 언어가 발달되기 시작했고, 그 협력의 결과가 '문명'으로 나타나기도 합니다. 언어를 매개로 형성된 문명은 곧 협력의 역사적 산물이자 동시대 협력 관계이기도 합니다.

하지만, 모든 협력이 다 아름다운 것은 아닙니다. 그 협력이 수평적이고 자유로운지, 수직적이고 위계적인지, 나아가 서로의 차이와 자유, 존엄성을 위한 우정과 환대의 협력인지, 정반대로 국가든, 회사든, 가족이든 전체와 개인을 일치시키면서 개인의 자유와 존엄성을 뒤로하는 위협과 배제에 기반한 협력인지에 따라, 그 협력이 표출하는 문명은 아름답고 생성적일 수도 있고, 잔인하고 파괴적일 수도 있습니다. 좋은 문명은 좋은 언어, 좋은 말이 오고 갑니다. 비난, 혐오, 증오, 저주의 말이 아니라, 환대, 사랑, 배려, 공생공락의 말이 흘러넘칩니다. 그리고 이 좋은 말은 우리에게 커다란 위로로 다가옵니다. 더 큰 위로는 이 좋은 말이 우리의 물리적 공간을 바꾸고, 좋은 문명을 더 좋게 지속해 나갑니다.

환대와 사랑의 말은 여러 장벽을 허물고, 더 이상 서로를 가르고 차별하는 장벽이 쌓이지 못하도록 합니다. 그래서 더 많은 마주침이 일어나고, 이 마주침이 예상치 못한 기쁨을 만들고, 그 기쁨이 사람들의 협력을 더 생성적이고 즐겁게 합니다. 17세기 네덜란드 철학자 스피노자가 말한 '코나투스conatus', 즉 '자기 보존 의지' 또는 '자기 존재를 지속하려는 삶에 대한 의지'는 이 환대와 사랑을 느낄 때 기쁨이라는 정서가 증가합니다. 어슐러 르 귄의 단편 소설 『오멜라스를 떠나는 사람들』에서 현실 낙원 같은 오멜라스의 깊은 지하실에 갇혀 신음하며 사는 아이를 가두는 창살도, 이 아이의 처참함에 대해 침묵해야 하는 우리 자신의 마음의 장벽도 다 무너뜨릴 수 있습니다. 그래서, 어두운 지하실에서 벗어난 아이는 물론, 아이의 건강한 웃음과 함께 오멜라스를 떠나지 않아도 되는 사람들은 살아가는 내내 서로 위로가 될 수 있습니다.

하지만, 비난, 증오, 혐오의 말은 더 높고 더 단단한 장벽을 '우리'와 '그들' 사이에 쌓아 갑니다. 그리고 이 장벽 넘어 사는,

아니 갇힌 자들을 향해 저주를 퍼붓기도 하고, 바리케이드를 설치하거나, '자격 금지'의 낙인을 찍기도 합니다. 때로는 심지어 미사일을 쏘거나 학살을 자행하기도 합니다. 지금 우리가 미디어를 통해 손바닥 안에서 매일 확인하게 되는 전쟁의 참극이 바로 그렇습니다. 뿐만 아니라, 이 증오와 혐오의 말, 그리고 장벽은 우리 사회를 야만의 세계로 거칠게 바꿔버립니다. 참사, 재해, 재난으로 자식, 형제와 부모, 친구와 동료를 잃은 사람들과 함께 슬퍼하기는커녕, 보이지 않는 어떤 전체의 안녕과 고요함을 위해 그 애통을 비난하고 멈추라 합니다. 빠르게 바뀌는 소비 트렌드 속에서 이 속도를 쫓아가지 못하는 노인들은 점점 문명이 멈춰진 뒷골목으로 내몰리고 있습니다. 또 다른 뒷골목에는 삶을 위한 역량이 아닌 시험 성적으로 모든 것을 평가하고 획일화하는 교육에 몸서리쳐진 청소년들이 학교라는 장벽을 탈출해 거칠게 숨어 있습니다. 장애인을 비용 손실 원인으로 생각하는 정책 결정자들은 이들을 향한 사회적, 물리적 장벽을 높이고, 그 비용을 가족에게 떠넘기는 걸 부끄러워하지 않습니다. 증오와 혐오의 말과 장벽이 넘치는 사회는 자신의 생존을 위해 타인의 존엄성 따위는 거추장스러울 뿐인 야만의 사회입니다. 위로는 사치이거나 사기일 뿐이고, 오히려 위협이 되어 버립니다. 아가사 크리스티의 소설 『그리고 아무도 남지 않았다』의 결말처럼, 서로를 의심하고 서로에게 불안을 느끼는 사회에서 그 끝은

'공멸'일 뿐입니다. 위로가 불가능한 세계의 끝입니다.

우리가 사는 문명사회는 어떤 문명일까요? 우리가 사는 세상은 우리를 위로하고 있나요? 그리고 우리는 지금 누군가를 위로하고 있나요, 아니면 위협하고 있나요? 불확실과 불안이 인간을 사는 동안 끝까지 따라다니는 것이라면, 이것이 우리에게 위협이 되지 않기 위해선 무엇이 필요할까요? 점차 야만 세계가 되어가는 이 사회에서 우리는 무엇을 고민해 보면 좋을까요?

저 스스로 질문하고도 답을 찾기가 어렵지만, 소중한 단어 하나가 떠오릅니다. '연대solidarity'라는 말입니다. 저는 이 단어가 위로가 위협이 아니라 진짜 위로가 되고 우리의 코나투스를 높여주는 힘이 되도록 하는 아주 중요한 기반이라고 생각합니다. 연대란 '연대 보증'을 뜻하는 프랑스 법률 용어에 기원을 두고 있다고 합니다. 프랑스법에서 '연대solidarité'는 고대 로마법의 전문용어인 '공동체의 책임공통의 의무, 보증'의 법적 의미를 그대로 유지하고 있으며, 프랑스 계몽주의자 디드로와 달랑베르는 『백과전서Encyclopédie』에서 연대를 "여러 채무자가 그들이 빌렸거나 빚진 액수를 되돌려줄 각오가 되어 있음을 인정하는 어떤 의무의 성질"이라고 설명하고 있습니다. 이런 의미를 확대해 보면, 연대는 이 불확실과 불안의 세계에서 인간이 결코 혼자 살아갈 수 없음을 자각하는 상태에서 발휘하는 공동 실천이라고 볼 수 있습니다. 비록 서로 다른 위치, 다른 상태, 다른 생각과 욕망을 가지고 있지만, 적어도 각자의 필요와 욕망을 위해서라도 협력, 구체적으로는 이 연대는 필수불가결한 행동이고 가치일 것입니다. 서로 다른 것을 불편하게 여기고, 그것을 인정하지 않으려 하기보다, 연대는 이런 차이가 오히려 각자 부족한 점을 채우는 힘이고, 연대 보증이라는 더 깊은 의미와 책임 속에서 자신을 좀 더 절제하고, 서로를 좀 더 배려하는 윤리적 태도가 강조될 수밖에 없을 것입니다.

그래서, 연대는 나, 즉 개인의 불안, 고통, 슬픔을 함께 나누고자 하는 공통 정서, 즉 공감 능력이 함께 합니다. 그래야 연대 보증이나 공동 책임을 진다 해도, 상대를 배려하기 위해 나 자신의 언행을 절제하는 것이 억울하거나 희생당한다는 느낌이 아니라, 오히려 상대가 자신을 절제하면서 나에게 배려하고 내 존엄성을 인정할 것이라는 믿음 속에서 어떤 '안전함', '평안함'을 느낄 수 있을 것입니다. 이것이 어쩌면 불확실성과 불안을 태생적으로 안고 살아야 하는 우리 인간이 어떤 존엄한 쉼의 상태에 이르고, 위로받고 불안을 이겨낼 힘이 생길 수 있는 방법 중 하나일 것입니다.

누군가 이런 반문을 할 수 있습니다. "저 사람을 보면 뭐든 베풀만하거나 나눌 수 있는 게 없어 보이고 앞으로도 별 기대할 것 없어 보이는데, 굳이 내가 저런 사람과 연대하고 시간 낭비, 돈 낭비 하면서 위로고 뭐고 할 필요가 있을까?" 사회복지재단이나 선한 일을 위한 사회운동단체에 기부금, 후원금 내는 것이 아깝고, 내 경제적 형편에 주제넘은 일일 수도 있습니다. 나 힘들 때 밥 한 끼는커녕 따뜻한 말 한마디 건네주지 않은 자들에게 내가 위로의 말을 베풀 이유를 찾기 힘들 수 있습니다. 장애인들이 이동권을 보장하라며 하필 바쁜 출근 시간에 지하철을 타면서 시위하는 모습이 도저히 이해가 안 될 때도 있습니다.

구명조끼와 구명보트를 생각해 보면 어떨까요? 여객선을 타면 구명조끼와 구명보트를 보게 됩니다. 쉽게 눈에 띈 채 가지런히 정돈되어 있고, 사용법도 쉽게 설명된 채 넉넉히 선실 한쪽 벽에 나란히 마련되어 있는 구명조끼, 그리고 갑판에 나가면 한쪽에 깔끔히 배치된 구명보트를 보고 있노라면, 왠지 맘이 편해집니다. 하지만, 구명조끼가 눈에 잘 보이지 않거나, 보이더라도 관리가 잘되지 않아 물이 샐 것처럼 보이면 또 왠지 걱정됩니다. 그건 지금 내가 타고 있는 배가 한 두 시간 후면 반드시 거친 풍파를 만나 뒤집혀서 배가 난파될 것이 틀림없어서가 아닙니다. 오히려 여객선에 탄 사람들이 가진 확실함은 이 배가 내가 원하는 목적지에 무사히 도착하고, 난 거기에서 새로운 여행을 즐겁게 할 것이라는 겁니다. 안전한 도착이 아니라, 지금 날씨 상황이나 일기예보를 보니 난파가 더 확실할 것 같으면 아예 배에 타지 않았을 것입니다. 구명조끼와 구명보트는 오늘이든 일 년, 아니 십 년 이십 년 내내 여객선이 항해하는 동안 한 번도 안 쓰는 것이 가장 좋습니다. 하지만, 몇 년 항해했더니 굳이 구명조끼가 필요 없는 것 같다는 근거 없는 자신감으로 더 이상 구명조끼 배치에 비용을 쓰지 않는다면, 그것처럼 어리석은 일이 없을 것입니다. 공공 의료원이 적자가 난다고 폐원해 버리거나, 전력이나 철도도 비용 문제로 민영화라는 이름의 매각을 해버리는 것도 마찬가지일 것입니다. 연대를 위해, 뭔가 손해 보는 듯한 이 연대를 위해 필요한 나눔은 마치 구명조끼와 구명보트, 공공 의료원을 위해 필요한 유지 비용을 우리가 나누는 것과 다르지 않을 것입니다.

연대는 우물을 함께 쓰는 것과 같기도 합니다. 우물은 그 마을의 생존을 위해 가장 소중한 마을의 공동 자산 중 하나입니다. 사람들은 우물물을 길어 음식도 하고, 마시기도 하고, 빨래도 합니다. 우물에 모여 서로의 안부를 묻고, 필요한 소식과 정보를 나누기도 합니다. 늘 보이던 마을 이웃분이 며칠 우물가에서 안 보이게 되면, 걱정되어 대신 물 한 동이를 길러 찾아뵙기도 합니다. 옆집이 더 많이 쓴다고 성을 내거나, 내가 더 많이 쓰려고 일부러 우물물을 더 많이 퍼오려 하지 않습니다. 우물이 마르면 그건 공멸이라는 걸 너무도 잘 알기 때문입니다.

내 곁에, 저와 여러분이 함께 살아가는 이 세상에는 어떤 우물이 있을까요? 그 우물가에서 우리는 어떤 협력, 어떤 연대를 통해 살아가고 있을까요? 오늘 한 번쯤, 요즘 잘 보이지 않는, 혹은 힘들어 보이는 우리 곁 사람들에게 우물물 한 동이를 들고 찾아가는 위로를 한번 시도하는 건 어떨까요?

연대는
나, 즉 개인의 불안, 고통, 슬픔을
함께 나누고자 하는 공통 정서,
즉 공감 능력이 함께 합니다.
연대 보증이나 공동 책임을 진다 해도,
상대를 배려하기 위해
나 자신의 언행을 절제하는 것이
억울하거나 희생당한다는
느낌이 아니라, 오히려 상대가 자신을
절제하면서 나에게 배려하고
내 존엄성을 인정할 것이라는
믿음 속에서 어떤 '안전함', '평안함'을
느낄 수 있을 것입니다.

심상교

부산교육대학교 국어교육과 교수, 고려대 국어국문과와 동대학원을 졸업했다. 동해안별신굿과 영남지역 민속가면극을 중심으로 전통연희의 연행성 등을 연구하고 있다. 요즘은 한국 민속신앙 속의 신격에 대해 연구하고 있다.

밤을 밝히는 위로와 부끄러움에 대한 위로

인간의 본성은 착한가 아니면 악한가. 흔히, 성선설 혹은 성악설로 다투는 경우가 있다. 어느 한쪽이든 각자는 자기주장에 맞는 논리를 펴며 주변의 많은 사건 중에서 몇 가지를 예로 들기도 한다. 인간의 본성은 과연 어느 쪽일까. 답이 확연하다면 오랫동안 이 논담은 반복되지 않았을 것이다. 본성을 과학적으로 분석할 수 있다면 많은 성분에 따라 어느 한쪽이라고 결론을 낼 수도 있겠지만 그것도 불가능하다. 반복은 어느 한쪽이 분명하지 않기 때문이다. 성선설이 맞는 경우도 있고, 성악설이 맞는 경우도 있기에 쉽게 결론을 내리지 못한다.

인간에게는 성선설, 성악설 어느 한쪽이 아니라 두 본성 모두를 갖고 있기 때문에 이 논담은 결론이 나지 않았을 것이다. 인간은 모두 어떤 경우에나 하나의 속성이 작동하는 경우는 없다. 어떤 때는 선한 본성이 작동하고 어떤 때는 악한 본성이 작동한다. 그렇기 때문에 인간은 착한 본성과 악한 본성을 모두 가졌다고 보는 것이 적절할 것이다.

이처럼 한쪽을 선택하기 어려울 때 중간을 선택하거나 선택지를 합친 융합된 특성을 선택하는 것이 편할 때가 있다. 격한 논담이 오갈 때 반드시 결론을 내야 하는 경우가 아니라면 어정쩡하게 결론을 내는 것도 편하게 느낄 수 있다. 편하게 느끼는 부분에서 우리는 위로를 받는 경우가 많다.

편하게 느끼는 부분은 격하지 않기에 그리고 거대 논담이 아니기에 중요해 보이지 않는 경우도 있으나 내적 의미에는 차이가 없을 것이다. 경복궁이나 종묘같이 수백 년 된 거대 건축물은 대개 의미가 중요하기에 그로부터 오는 문화적 위로가 크다. 그러나 지방의 위인들을 배향한 충렬사 같은 건물에서는 거대 위로는 아니지만 우리가 되새겨야 할 의미 있는 위로를 발견한다.

철학적 논담의 경우는 이분법적 담론으로 번져나가 선택이 강요되는 경우가 많다. 이는 고대 그리스 철학에서부터 이어져 온 인식론의 이분법에서 유래된다고 볼 수 있다. 실재idea와 가상 혹은 형상과 모상, 보편과 특수로 이어지는 양분법이 바로 그것인데 이러한 대립적 인식론도 결국 절대적 존재인 신 아래에서 가능하다. 동양사상도 이런 측면이 없는 것은 아니지만 주류는 이분법적 인식론과는 다르다고 볼 수 있다. 현재 우리의 삶은 서양적 인식론과 동양적 인식론이 절충되어 있다고 볼 수 있다. 현대 문화의 상당 부분이 유럽의 것을 닮아 있기에 우리의 사고 방식도 유럽식을 많이 닮아간 상황이다.

교육제도나 학문 전개 과정은 서양의 것과 밀접한 편이나 내밀한 우리의 일상은 동양의 것을 따르는 이중생활이 우리 속에 있는 셈이다. 현대의 과학문명이나 예술세계, 이성적 사유세계가 서양식에 근거한 것이 많기에 우리는 어떤 면에서 서양 사상 속에서 산다고 볼 수 있지만 이미 세계 여러 나라에 보편화된 사상들이기에 서양 것이라고 경계의 선을 그을 필요는 없겠다.

피아노, 바이올린이 서양에서 유래된 악기지만 이미 세계 공통의 악기가 된 것처럼, 그리고 유화물감이나 붓처럼 그림의 표현 도구나 표현 방식이 서양에서 유래되었으나 이미 세계 공통의 매개가 되었기에 굳이 구분하지 않고 어정쩡한 상태로 모두의 예술로 받아들이는 것처럼 선을 긋지 않고 선택지들을 서로 융합시켜 살아가고 있다.

서양 사상과 동양 사상이라는 이중의 관점이 우리 삶을 구조화하고 있다는 점은 어떤 면에서 우리 삶의 위로가 된다. 하나의 선택지에 강압되지 않고 상황에 따라 관점을 달리할 수 있는 점이 이성적 사유에도 감성적 놀이에도 모두 위로가 될 수 있기 때문이다.

그런 점에서 소설 『메밀꽃 필 무렵』에는 이성적 사유와 감성적 놀이가 적절히 섞여 있어 읽는 이에게 위로를 준다. 위로는 주인공 허생원이 스스로의 추억으로부터 받는 위로가 있고 독자들이 작품 속 한 장면으로부터 받는 위로가 있다.

장돌뱅이 허생원의 삶은 정주하지 못한 채 여기저기를 다니는 고단한 삶의 연속이다. 허생원은 돈을 모아 어느 도시에서 가게를 여는 것이 자신의 꿈인 것처럼 말하기도 한다. 그때까지는 밤새 걸어서라도 다음 장에 도착해야 한다. 그런 그에게도 위로의 순간은 있다. 고향을 떠나기 전 물레방앗간에서의 추억이다. 허생원은 그 추억을 원점으로 하여 나선형처럼 그 원점에 들어갔다 다시 바깥으로 나왔다 한다.

허생원의 고단한 현실의 삶은 피할 수 없는 인간 존재로서의 모습이다. 인간이라는 실재를 가진 이상 여기서 벗어날 수 없다. 벗어나는 방법은 인간이라는 실재를 버리는 것밖에 없다. 죽음을 맞기 전까지 생을 유지하기 위해서는 인간 존재라는 실재에서 자유로울 수 없는 것이다. 장돌뱅이를 하든 국밥집을 하든 메밀밭에서 농사를 짓든 인간이라는 가상 혹은 모상은 여러 형태일 수 있지만 인간이라는 실재 혹은 형상은 살아가는 본질의 모습 하나이다.

인간을 이처럼 두 가지로 바라볼 때 하나는 살아가야 하는 모습이고 다른 하나는 어떤 방법으로 살아가느냐 하는 것이다. 허생원은 살아가는 방법으로 장돌뱅이를 선택했다. 그런데 그 내면에는 물레방앗간에서의 애틋한 추억이 화수분 같은 위로를 공급한다. 허생원의 이 추억은 독자들에게는 사실 그렇게 애틋하지는 않다. 경험 당사자인 허생원에게는 의미 있는 위로가 될지언정 간접경험자 독자에게는 위로가 되지 않는 것이다. 등장인물에게만 위로가 화수분이면 이 작품은 그리 사랑받지 못했을 것이다.

그래서 작가는 독자에게도 위로를 선물한다. 허생원이 추억으로부터 공급받는 화수분 같은 위로이면서 애틋하고 길게 여운이 남는 그런 위로를 선물하는 것이다. 그 위로는 바로 동이 손에 들린 채찍 때문이다.

'나귀가 걷기 시작하였을 때, 동이의 채찍은 왼손에 있었다.'

이 순간부터 동이는 위로의 아이콘이 된다. 동이는 허생원과 가끔 장터에서 만나는 위인이다. 어느 날 밤, 허생원은 제천행을 결정했다. 옆에 있는 동이에게 함께 갈 테냐고 묻는다. 동이도 제천행에 동행하기도 한다. 동이가 같이 가겠다는 말을 하는 것은 아니다. 그저 채찍을 들고 발을 떼었을 뿐이다. 동이의 채찍 장면은 허생원의 고단한 삶에 많은 연민을 보냈던 독자들에게는 참으로 위안이 된다. 허생원도 이 채찍 장면을 통해 많은 위로를 받았을 것이다.

작가는 이 순간을 '오랫동안 아둑시니같이 눈이 어둡던 허생원도 요번만은 동이의 왼손잡이가 눈에 띄지 않을 수 없었다.'고 묘사한다. 허생원이 받았을 위로의 느낌은 밤도 환하게 밝힐 정도의 다시없을 위로였다.

'걸음도 해깝고 방울소리가 밤 벌판에 한층 청청하게 울렸다.'

한때 부모의 자질이 자식에게 유전되는 특성을 보이는 작품들이 있었다. 19세기 말 자연주의 작품 일부가 이런 특성을 다룬 적 있다. 자연주의 성향은 이후에도 유효하여 여러 작품에 그 존재 의미를 드러냈는데 문학사상적으로는 아마 이효석도 이런 영향이 없었다 하기 어려울 것이다. 이분법적이 아니라 융합시켜 작품의 가치를 더하는 경우였다. 시대가 지났지만 필요한 경우 융합해서 하나의 의미로 탄생시켜 위로의 미덕이 뭉게뭉게 피어나게 했다. 이처럼 뭉게뭉게 피어나는 위로도 있지만 강단 있는 위로, 가슴 저린 위로도 있다.

동래구 안락동에 있는 충렬사에서 그런 위로를 느낄 수 있다. 충렬사는 400년이 넘은 유적이다. 충렬사는 1605년선조 38년에 지금의 동래경찰서 자리에 송상현을 추모하는 송공사宋公祠를 지어 제사를 지내다가 1624년인조 2년에 충렬사라는 사액이 내

／ 부산시 동래구 안락동에 있는 충렬사 전경

려졌고 1652년효종 3년에 송상현의 충절을 후대에 더 널리 알리기 위해 지금의 충렬사 자리로 이전하였다. 이 충렬사를 통해 우리는 우리의 부끄러움을 위로받는다.

경남지방 여러 곳의 구비민속조사를 하면서 봤던 슬픔 중에는 우리의 부끄러움을 느끼게 하는 곳이 여럿 있었다. 그것은 일본의 노략질과 관련되어 있었다. 멋진 바다를 바라보며 산세를 즐기며 농사짓고 가족과 어울려 행복하게 살면서 다양한 이야기를 남기기도 했지만 편하게 바다를 바라볼 수 없는 곳에 집을 짓고 산 흔적들도 많았다. 왜구들이 쳐들어올까 걱정되어 해안가에는 집을 짓지 못했다는 이야기들이 곳곳에 남아있다.

이웃나라 일본이 수천 년 동안 우리를 이렇게 불편하게 하였음에도 우리는 이를, 철저하게 대비하지 못했다. 국권을 빼앗기기도 했으니 어찌 우리의 부끄러움이 아니겠는가. 이런 부끄러움에 위로가 되는 반성과 교훈의 가르침을 주는 곳이 충렬사다.

충렬사에는 동래부사 송상현, 부산진첨절제사 정발, 동래교수

노개방, 양산군수 조영규, 향리 송백, 다대진 첨절제사 윤홍신, 녹도만호 정운 등 93위의 위패를 봉안하고 있다. 이러한 선열들의 행동을 학문의 가르침으로 이어가고자 충렬사가 현재 자리로 이전할 때 서원의 기능까지 추가되었다. 이 서원은 흥선대원군 시절 서원 철폐령에서 제외된 전국 47개 서원 중 하나다.

충렬사에 모셔진 여러 위인들 각자의 비장한 삶의 기록은 우리에게 침잠의 위로를 안겨준다. 1592년 4월 14일, 16만 명에 달하는 왜군은 700여 척의 배에 나눠 타고 오전 8시에 일본 오우라항을 떠나 오후 5시경 부산 앞바다에 도착하였다. 어둑해질 무렵 새까맣게 몰려온 일본군의 배는 공포 그 자체였을 것이다. 이 위급하고 공포스러운 상황에 굴하지 않고 맞서 싸운 백성이 수도 없이 많겠지만 그중에서도 의열각에 모셔진 네 분의 삶은 우리가 되새기고 되새겨야 할 위로를 느끼게 한다.

조선시대 역대 왕들의 위패를 모셔놓은 곳이 종묘다. 종묘의 본 건물인 정전은 단층 건물로 건물의 좌우 길이가 101m이다. 정전은 장중함에 엄숙함까지 더해져 있고 의례까지 덧붙여져 종묘를 세계에 자랑할 조선의 대표적 유물로 손꼽게 한다. 조선의 의미와 문화적 역량을 압축시킨 상징적 건물이기도 하다. 조선의 실패를 생각하면 종묘가 허상의 공간으로 보일 수도 있겠지만, 종묘를 보고 있으면 왠지 온몸에 전율처럼 위로가 전해진다.

의열각 건물이나 내적 의미를 종묘에 비할 바는 아니다. 하지

／ 부산시 동래구 안락동 충렬사에 있는 의열각. 의열각에는 임진왜란 당시 송상현 부사의 애첩 금섬, 부산진첨사 정발 장군의 애첩 애향 그리고 동래성전투 당시 지붕에 올라 기왓장을 던지며 분투했던 두 의녀의 위패가 모셔져 있다.

만 의열각이 담지하고 있는 평범한 백성의 높은 나라 사랑의 의미를 생각하면 의열각도 종묘만큼이나 엄숙한 전율의 위로가 전해질 것이다.

의열각에는 여성 네 분이 배향되어 있다. 무명 의녀義女 두 분과 금섬, 애향이 그들이다. 이들에 관한 기록은 일본에 갔던 통신사들이 일본 장수들로부터 들은 이야기를 기록한 데서 비롯된 경우도 있고, 송시열의 글 등에서도 나타난다.

이에 따르면 금섬과 애향의 신분에는 여러 설이 있으나 금섬은 송상현의, 애향은 정발의 애첩이라고 칭할 수 있다. 왜적들이 부산포를 점령하고 동래성에 쳐들어오자 많은 사람들이 맞서 싸웠으나 중과부적이었다. 피난의 충고를 아랑곳하지 않고 맞서 싸우던 동래부사 송상현이 죽음을 맞게 되고 금섬은 생포되었다. 왜적의 회유에도 금섬은 사흘을 그치지 않고 적군을 꾸짖다가 드디어 살해당했다. 적들도 금섬의 기개를 존중하여 송부사와 함께 장례를 치렀다고 한다. 애향은 부산진성이 함락되고 정발장군도 전사하자 장군 옆에서 스스로 목을 찔러 자진했다고 한다.

기왓장으로 왜적에게 저항했던 무명의 의로운 여성 2명은 왜적에 맞서 싸울 수 없게 되자 관아 김상이라는 동네 어르신과 함께 관아 지붕에 올라가 기와를 깨 왜군에게 던지다가 순절하였다. 이런 내용은 「동래부순절도」라는 그림에 묘사되어 있다. 「동래부순절도」는 숙종 35년1709에 처음 그렸는데 이를 영조 36년1760에 다시 그렸다. 이 그림에는 송부사의 예복인 조복朝服을 갖고 담을 넘는 금섬의 모습도 그려져 있다.

『메밀꽃 필 무렵』을 읽으면서 일상의 애틋한 위로도 의미 있고, 충렬사 의열각의 네 여인을 생각하면서 우러나는 전율의 위로도 의미 있다. 감성적 유희 속 위로도 이성적 사유 속 위로도 우리 삶에는 모두 필요한 것이다.

『메밀꽃 필 무렵』을 읽으면서
일상의 애틋한 위로도 의미 있고,
충렬사 의열각의
네 여인을 생각하면서
우러나는 전율의 위로도 의미 있다.
감성적 유희 속 위로도
이성적 사유 속 위로도
우리 삶에는
모두 필요한 것이다.

강동진

역사환경 보전에 중심을 둔 도시설계를 배웠고, 현재 경성대학교 도시공학과에 재직 중이다. 근대유산, 산업유산, 세계유산, 지역유산 등을 키워드로 하는 각종 보전방법론과 재생 방안을 연구하고 있다. 지난 20여 년 동안 영도다리, 산복도로, 캠프하야리아, 북항, 동천, 동해남부선폐선부지, 피란수도부산유산 등의 보전운동에 참여하였다. 현재 문화재청 문화재위원, 이코모스 한국위원회 이사 등으로 활동하고 있다.

탈산업화의 시대,
위로가
필요한 것

1. 들어가며

2030년에는 어떤 세상이 펼쳐질까? 2040년에는 또 어떤 세상
이 우리 앞에 놓일까? 떠오르는 상상 속에서 예견이나 예측을
넘어 도리어 여러 걱정들이 밀려온다. 왜 먼저 희망이나 번영이
떠올려지지 않을까? 후손들이 아름다운 자연을 누리며 높은 수
준의 경제 여건 속에서 행복할 것이라는 자신감이 선뜻 생기지
않는 이유가 무엇일까? 이러한 자신감의 상실은 아마 코로나19
시대를 살아가며 얻게 된 듯하다. 내 할 일만 열심히 하고 내가
사는 도시와 자국의 문제들만 수정하면 후손들의 행복이 보장
될 것이라는 판단이 얼마나 안이했으며, 앞으로 우리 앞에 펼쳐

질 미래가 긍정의 것만이 아닐 수 있겠다는 사실에 대한 깨달음 때문이다.

지구가 병을 앓고 있다. 그것도 고질화된 중병에 걸리고 말았다. 병의 원인은 우리의 오류와 잘못에서 시작된 것이지만, 우리만의 반성만으로는 지구의 병을 고칠 수 없는 수준에 이르고 말았다. 가장 큰 문제는 그 병의 정도가 급속도로 깊어지고 확산되고 있다는 것이다.

산업혁명 이후 인류는 지구환경에 대해 사용하면 할수록 약해지고 고갈된다는 '자원의 관점'이 아닌, 필요에 따라 맘대로 훼손하고 파괴하여 경제성장의 도구로 사용할 수 있다는 '공간의 관점'으로 일관했다. 분명 산업화는 인류 번영의 촉매가 된 긍정의 것임에도 산업화로 달성된 힘을 주체하지 못해 파괴와 학살을 일삼는 전쟁을 일으키고, 산업화로 획득된 경제력을 이용하여 권력을 누리고, 오직 돈을 목적으로 한 성장의 과시욕에 빠지게 했다. 이렇게 실리와 성장의 화려함에 가려진 산업화의 결과는 2023년 현재, 긍정보다는 부정의 면이 점차 강해지고 있다.

근본의 이유는 산업화가 인류 공통의 모태이자 필연의 삶터인 지구를 중병에 걸리게 했기 때문이다. 기상이변으로 인한 자연의 질서가 교란된 지 오래전이고, 지구인들은 "올겨울에는 또 다가올 내년의 여름에는 어떤 이변들이 등장할지"라는 막연한 불안 가운데 살아가고 있다. 그래서 그런지 사람들은 언젠가부터 산업화의 굴레에서 벗어나려는 노력에 집중하고 있다. 이러한 시대를 '탈산업화 시대'라 부르며, 또한 '4차 산업혁명'이란 말을 창안하여 빠르게 그 시대로 나아가려 하고 있다.

2023년 우리의 현실을 돌아본다. 산업화의 결과인 극에 달한 물질문명, 인터넷과 ICT에 의지한 편리한 삶, 글로벌 국가 등을 추구하며 살아가고 있다. 그런데 현실 속에서 인간이 만들어 낸 부정의 것들환경오염, 스트레스, 불평등하고 불안정한 삶 등이 점차 증가하고 또 심화되고 있다. 이것은 무엇을 말하는가? 산업화의 수많은 문제들과 후유증들이 우리 국토에서만 벗어나게 하면 된다고 여겼고, 극복을 위한 실행보다는 탈산업화에 대한 주장에만 치중했기 때문으로 여겨진다. 생각이 여기에 이르면 산업화는 이유를 불문하고 현대인과 사회에 큰 고통을 안겨준 최대의 적이자 원인이 되고 만다.

다시 산업화를 생각해 본다. 산업화가 그리 잘못된 것인가? 절대 아니었다. 인류에게 경제적 번영을 가져다준 고마운 것이었다. 다만, 산업화의 후유증을 두려워한 앞서간 국가들이 개발도상국과 후진국에 그 짐을 떠넘기며, 그 짐이 자신에게 부메랑으로 돌아올 수 있다는 예견에 대한 게으름이 문제였던 것이다. 그러한 게으름의 과오패착를 뒤늦게 깨닫게 된 인류는 산업화의 후유증을 공동으로 치유하자 하고 또한 산업화의 결과를 포용의 시선으로 바라보기 시작했다. 탄소를 줄이기 위해 유엔과 국제기구들이 나서고 있고, 유네스코는 남겨진 폐산업시설을 고철이나 환경오염물이 아닌 인류에게 여러 혜택을 제공했던 특별한 유산으로 바라보도록 했다.

이 시점에서 본 글의 중심체인 '산업유산Industrial Heritage'이 등장한다. 본 글에서는 산업유산을 '위로'의 대상으로 보려 한다. 한발 더 나아가 산업유산을 인류가 수십 년 이상 사용하다 효력이 떨어졌다고 쓰임새가 부실해졌다고 버릴 대상이 아니라고 항변?해 보려 한다.

2. 산업유산이 되기 위한 자격과 조건

산업유산이란 개념은 각종 산업시설이 노후화되면서 쓰임새가 줄어들거나 산업 자체가 정지 또는 폐업 상태에 이르렀을 때 비로소 성립된다. 좁은 의미로는 '산업혁명 이후 공업 중심의 근대화 과정에서 남겨진 과학기술과 연관된 것' 또는 '국가지역 산업의 발전과정에 있어 해당 산업은 비록 퇴락하였으나 관련하여 큰 의미가 있는 산업시설'로 정의된다. 더욱 넓게는 '산업화 시대에 남겨진 보호와 계승이 필요한 산업의 흔적이자 기억의 증거물'로 정의되는데, 여기에서 흔적과 기억은 단순 시설의 개념을 넘어선다. 시설이 존재하는 지역과 장소가 선조들이 땀 흘리며 일구었던 삶의 터전이자 근거였다는 데에 방점을 찍는다.

한편, 산업유산은 기능이 쇠퇴한 후 버려진 땅을 칭하는 '브라운 필즈brown fields'에 속한다. 브라운은 다시 다크dark와 라이트light로 나누어진다. '다크 브라운 필즈'는 비도시지역에 위치하는 경우가 많으며, 산업 기능이 단절된 후 환경오염을 중심으로 한 후유증이 심한 상태의 유산을 말한다. 이에 반해 '라이트 브라운 필즈'는 부정적인 요인이 적어 창의적인 아이디어에 따라 여러 모습으로 변형이 가능한 대상이며, 도심이나 항구 근처에 자리하여 시민들과의 접촉 기회가 잦은 편이다. 이처럼 두 유형의 양상은 매우 다르게 나타나지만, 지역 문화의 전달 매개체이자 라이프 스타일을 선도할 새로운 기회의 지역 자산이라는 점은 뚜렷한 공통적인 특성이다.

이 시대는 산업유산의 양면적인 속성들, 즉 폐허라는 현실을 뛰어넘는 공간성, 가혹한 노동과 착취의 현장이었음에도 삶터로서의 인문사회성, 그리고 매연과 녹으로 얼룩진 오염지대이면서도 친환경을 논할 수 있는 생태성 등에 주목한다. 그러나 이러한 인식은 모든 상황 가운데 공평하게 적용되진 않는다. 널리 알려진 산업유산 보유국들의 면면을 보면 경제적으로 또 문화적으로 여유가 있는 경우가 많다. 저개발국가나 개발도상국가들에도 폐산업시설은 있기 마련이지만, 단기 성과와 빠른 개발을 추구하는 국가들의 정황상 이를 유산으로 인식하고 보존의 대상으로 삼는 경우는 매우 희소하다.

결국, 이것은 '시간'과 '재원'이 산업유산의 존립을 결정짓는 요인임을 설명하는 것이다. 이를 달리 설명하면, 폐산업시설에서 산업유산으로 전환할 때 파괴, 개발, 매각 후 해체 등의 외부 요인을 버텨낼 수 있는 여력을 확보할 수 있고, 또한 이를 묵묵히 기다릴 수 있는 사람들의 심적인 여유가 산업유산 탄생의 핵심 요인이라는 것이다. 여기서 산업유산에 붙일 수 있는 '위로'라는 단어를 설명할 수 있는 틈새가 비로소 나타난다.

3. 거친 산업유산이 보존된다는 것

일반적으로 보존 대상의 산업유산은 뛰어난 산업 역사성과 건축적인 예술성을 기본으로 한다. 그러나 해당 시설 자체의 특수성으로 인해 설비 구조가 정교하거나 복잡하여 당장의 변화를 통한 재활용이 어렵다고 판단될 때에 보존되는 경우도 있다. 철강금속업관련 유산이 그런 경향을 보일 때가 많다. 예를 들어, 제철소는 원료 반입에서 생산과 저장까지 매우 복잡한 공정을 가지기에, 산업유산으로서의 제철소는 고로, 용광로 등의 생산시설과 보일러실 등의 연소시설들, 그리고 냉각시설들과 각종

지원시설을 통으로 묶어 보존하곤 한다. 보존된 제철소는 일반적으로 환경공원이나 야외 박물관 등 전체를 둘러보는 단순 관람형의 공원으로 활용되며, 기계와 시설들의 집합으로 이루어진 풍경은 지역 경관의 명소로 자리매김하기도 한다.

더 나아가 국가 차원에서의 위상을 가진 제철소라면 국가 문화재로 대우받거나 또한 세계유산 등재를 시도하기도 한다. 독일 자를란트의 푈클링겐 제철소Völklingen Ironworks가 단연 꼽힌다. 이곳은 1873년부터 1986년까지 100여 년 이상 유럽 철강산업의 핵심 역할을 담당했고, 19세기와 20세기에 걸쳐 건립된 서유럽과 북미 지역의 종합제철소들 가운데 유일하게 손상 없는 원형의 사례로 평가된다. 이의 가장 큰 이유는 가동 중지와 동시에 현장 보존 작업에 착수했기 때문이었다. 1994년에 세계유산에 등재된 후 제철소 전체는 산업 박물관으로 활용되고 있다.

╱ 변화가 전혀 없는 푈클링겐 제철소 ⓒ유네스코 ╱ 20세기 산업건축의 아이콘, 판넬레 ⓒ유네스코

가끔 다른 업종 가운데서도 전체 보존의 사례가 등장한다. 네덜란드 로테르담 북서부의 스판서 폴더르 산업단지에 있는 판넬레 공장Van Nellefabriek은 커피, 차, 담배 등과 같은 수입 식료품을 가공·판매했던 네덜란드 항만 경제의 상징물이었다. 강철과 유리를 이용한 파사드façade와 커튼 월curtain wall 기법이 적용된 20세기 산업 건축의 아이콘으로 불리는 이곳은 1990년대 폐산업과 기능 전환의 위기를 극복하며 완벽하게 보존되어 있다. 클링겐과 판넬레와 같이 해당 산업에 있어 시대를 대표하는 위상을 가지거나 범국가적 차원에서 관심 대상이 되는 산업유산의 경우, 온전한 보존의 가능성은 매우 커진다고 할 수 있다.

우리나라에서도 근대 제조업사에 있어 고무적인 역할을 담당했던 공장 한 곳에 대한 논의가 진행되고 있다. 목포 온금동에 있는 조선내화주식회사 옛 목포공장이다. 1938년 설립되었으니, 80여 년의 나이를 가진 우리나라 최고의 오래된 공장이다. 특히 철강산업과 연동되는 내화재벽돌 생산시설로서, 원료의 반입에서부터 분쇄, 혼합, 성형, 건조, 소성 등 전체 공정이 남아있는 국가적으로 매우 소중한 산업유산으로 평가된다. 2017년 12월 5일에 공장 내 건물 5동과 굴뚝 3기, 설비시설 5기 등 총 13점이 국가등록문화재로 등록되었다. 그러나 전체의 1/4에 불과한 수치다. 전체 공정과 체계를 보존하지 못한 것은 매우 아쉽지만, 주택재개발사업으로 인해 해체 위기에 봉착했던 이곳을 이 정도로 지켜낸 것도 다행이라 하지 않을 수 없다.

／ 유산화 과정을 거치고 있는 조선내화주식회사 옛 목포공장

　지난 이삼여 년 동안, 대한민국의 활황을 영위했던 많은 산업 공간과 시설들이 사라졌다. 국가 근대화의 기수로 기능하며, 평가할 수 없을 정도로 지역 경제 발전에 이바지했던 한일합섬, 대농, 제일제당, 럭키화학공업사 등의 산업시설들이 보존에 대한 단 한 번의 고민도 하지 못한 채 초고층의 아파트들로 채워지고 말았다. 더 안타까운 것은 해체, 파괴, 대체 등으로 점철된 폐산업화의 혹독한 과정에서 운 좋게 살아남은 것들마저도 환경오염이라는 죄명의 굴레에 빠져 헤어나질 못하고 있는 점이다. 그런 차원에서 조선내화주식회사 옛 목포공장의 움직임은 매우 큰 시사점을 가진다.

　포항과 울산이 급하게 떠오르고 구미도 생각난다. 1960년대와 70년대 국가 경제발전과 공업화의 기수였던 그 도시들은 지금도 살아 움직이고 있다. 반세기 동안 구축되어 온 산업 생태계가 실핏줄처럼 꿈틀대며 약동하고 있다. 아직은 확실히 잡히진 않지만, 대한민국의 공업화를 촉발하고 정점을 이루었던 그곳들에서만큼은 산업유산이 위로의 대상이 되며, 또 보존 이야기들이 상식처럼 접목되면 좋겠다.

／ 1963년 우리나라 최초 공업화의 서막을 열었던 울산의 현장

아크

4. 산업유산에 대한 위로의 방법

도시의 품격은 크고 강한 것이 결정하는 것이 아니라, 작은 것들이 모여 있는 조화로움과 그들이 표출하는 정교함의 수준에 따라 판단되곤 한다. 여기에서 작은 것이란 규모보다는 기능의 작음, 즉 현대 문명에 밀려 소외되고 쇠퇴한 공간을 의미한다. 산업유산도 그런 부류에 속한다. 그래서 산업유산은 시민들의 따뜻한 손길과 시선을 필요로 한다. 산업유산이 시민들에게 생활 속의 친근한 장소이자 미래 기억의 저장고로 이해될 수 있다면. 해당 산업유산의 미래는 지속 가능한 지역 활성의 시대를 이끌어 갈 화두로 전혀 부족함이 없어 보인다.

1) 위로의 방법 : 찾아 기억하기

35여 년 전의 일이다. '지곡지구'라는 포항제철 신 주택단지를 계획하고 설계하는 일에 참여했다. 복사하고, 청사진을 굽고, 삽도를 제작하는 것이 주된 임무였던 초보 보조원이었지만, 나지막한 구릉지에 매력적인 낮은 연립형의 주거들이 녹음 속에 자리 잡고, 마치 서양의 단독주택단지를 닮도록 계획하고 상상했던 지곡지구를 잊을 수가 없다. 35년이 지난 지금, 그 지곡지구가 아직도 포항에 건재하다. 그곳은 오래된 기억 속의 계획도

면과 거의 유사하다.

　포항과 포항제철은 떼려야 뗄 수 없는 관계다. 포항에 있어 포항제철은 단순한 공장단지가 아니라, 도시 전체의 역사와 기능을 좌지우지할 정도의 영향력을 가졌다. 형산강 하구언의 항구지역에 크게 자리한 공장부지는 물론, 철을 공급하고 유통하는 교통시설들, 관련된 크고 작은 업체들, 포항제철 사람들의 삶터였던 주택단지들1969년 동재지구, 1971년 인덕 및 효자지구, 1980년 상도지구, 1989년 지곡지구 등, 포항공과대학과 연구소들 그리고 학교들, 포항공항과 포항역, 심지어는 죽도시장까지도 모두가 지난 50여 년 동안 지켜 온 포항제철의 산업 생태계다.

　포항제철과 포항의 산업 생태계

아크

해당 도시의 산업 생태계를 규명하는 일, 특히 오랫동안 국가의 핵심 산업을 주도하고 있는 도시의 산업 생태계를 조사하는 일은 그동안 지속되어 온 고유한 도시의 작동 원리와 공간 조직의 시스템을 찾는 일이다. 최근 도시재생이 불같이 일어나고 있지만, 지역마다 도시마다 기대했던 혜택보다 시들한 결과를 만날 때가 자주 등장한다. 아마 근원적인 부분에 대한 메스를 대지 못한 채, 파편적으로 또 표피의 일부만을 교체하려 했기 때문이지 않을까. 어쩌면 포항의 산업 생태계에 대한 규명은 포항 재생의 새로운 실마리를 던져줄지 모른다. 그것을 지역민들이 주도한다면 또 최소한 함께한다면, 더 나아가 포항 산업유산 보전운동으로 전개될 수 있다면 포항의 그 어떤 재생사업들보다 효과가 크게 나타날 것이다.

제대로 된 산업 생태계 조사는 지역에서 공감을 낳는다. 옛것과 새것이 공존할 수 있는 근거가 만들어지며, 현재 살고 있는 지역민은 물론 미래 후손들까지도 살아가는 도시의 산업 생태계 속에 존재하는 여러 모습의 유산들을 공유하게 될 것이기 때문이다.

일본 교토부에 마이즈루舞鶴라는 항구도시가 있다. 한때 일본 4대 군항마이즈루, 요코스카, 구레, 사세보의 하나였고, 우리나라와 악연을 가진 일본의 해군기지였던 곳이다. 태평양전쟁의 패망으

로 마이즈루는 모든 것을 잃고 말았다. 40여 년이 흘렀지만, 그 어떤 경제 회생의 실마리를 찾지 못하고 있었다. 1988년, 시민들은 특이한 조사를 시작했다. 도시 내에 잔존하고 있는 적벽돌 창고들에 대한 조사였다. 당시 일본은 요코하마의 보전된 적벽돌 창고橫浜赤レンガ倉庫가 새로운 도시 아이콘으로 떠오를 때였기에 한두 동도 아니고 백 여동에 이르는 마이즈루의 벽돌 창고에 관심이 쏠릴 수밖에 없었다. 먼저 '마치즈쿠리연구회まちづくり研究會'를 결성했다. 1990년 4월에는 약 70 동에 이르는 창고를 조사했고, 그들의 탐구심은 결국 수많은 벽돌 창고의 탄생을 가능하게 했던 '칸자키 벽돌 호프만식 가마神崎煉瓦ホフマン式輪窯'를 찾아냈다. 놀라운 것은 그곳이 메이지시대 전국 5대 벽돌 도요지에 속하는 중요한 곳이며, 현재 일본에도 4개소뿐인 호프만식 가마라는 것이다. 1999년에 국가등록유형문화재로, 2016년에는 일본유산으로 지정되기도 했다.

적벽돌 창고를 조사했던 그해 '제1회 적벽돌 심포지움 마이쯔루대회赤煉瓦シンポジウム In まいづる'가 개최되었고, 1993년에는 군수품 창고를 리모델링한 세계 최초의 '적벽돌박물관舞鶴市立赤れんが博物館'을 탄생시켰다. 마이즈루의 시市 승격 50주년 기념 사업이었다. 그곳 박물관 로비에는 시민들의 손때가 묻어 있는 '벽은벽돌탐험지도赤れんが探險地圖'가 자랑스레 전시되어 있다. 보기에는 허름하지만, 박물관 최고의 전시물이다.

／ 시민들의 손때가 묻어 있는 지도 그림, 마이즈루 적벽돌박물관 소장

　몇 가지의 의문이 따라온다. 시민들은 왜 이것을 조사하게 되었을까. 장차 마이즈루가 붉은색 컬러를 테마로 하는 낭만의 도시, 재즈의 도시가 될 수 있을 것으로 상상했기 때문이었을까. 이 조사가 마이즈루에 가져올 파장을 그들은 과연 알고 있었을까. 절대 아니었다. 도시에 대한, 지나간 도시산업에 대한 그들의 진정성이 모든 것의 출발점이었다. 그 어떤 미래 예측도 경제 활성화에 대한 기대도 없이 스스로 시작한 일이었다. 그러나 한 가지 그들이 인식했던 것은 일본 어느 도시도 백여 동이 넘는 붉은색 벽돌 창고를 가진 경우가 없다는 사실이었다. 시민 조사를 통해 마이즈루의 차별성이 규명되었고, 도시 곳곳에 그리고 항구 일대에 집중된 붉은색 벽돌 창고들에 다양한 콘텐츠가 채워지면서 그 어떤 도시도 흉내 낼 수 없는 진짜배기 재생이 시작될

수 있었다.

또한 그들은 외관이나 형상만을 조사하지 않았다. 적벽돌 창고에 내재된 속성이 무엇인지 끊임없이 탐구했다. 스스로의 한계를 깨닫고, 전문가들과 주변 도시들에 손을 내밀었다. 그래서 자신의 것에 더욱 집중할 수 있는 기회를 얻었다. 결국 적벽돌 창고라는 하드웨어에 군사기술이 아닌 새로운 사람들의 마음이 모아졌고, 또한 침략 시대 이전의 마이즈루 고유의 지역 문화가 다시 살아날 수 있었다.

우리나라에도 산업 생태계의 조사를 기다리는 곳들이 다수 있다. 우리나라 최초 공업화의 서막을 열었던 울산의 온산공단은 미지의 세계다. 최초 전자공단으로 출범했던 구미의 산업 생태계는 정말 흥미로울 것이다. 성격은 조금 다르지만 1950~70년대 30여 개소의 대기업당시들이 집중되어 우리나라 경공업의 활황을 풍미했던 부산의 동천서면 일원도 그런 곳이다. 지난 수십 년 동안의 산업지대와 시설의 변천, 존속했던 기업들과 노동자들의 애환, 그리고 기술 발전의 과정을 상세하게 조사하고, 기록하고, 또 드러내는 작업은 늘 책장에만 꽂혀있는 백서 수준의 죽은 책이 아니라, 살아 약동하는 대한민국 경제 발전의 라이프 스토리가 되어 줄 것이다.

／ 1950~70년대 부산 동천(서면)일대에 집결했던 대기업(당시)

2) 위로의 방법 : 제대로 엮기

'엮다'라는 말은 간단한 두 가지의 조건을 가진다. 엮을 대상이 있어야 하고 엮을 이유가 존재해야 한다. 도시 안의 여러 공간을 엮어 하나로 이어지게 하여 도시민에 이로움을 제공하는 일은 19세기 미국 보스턴에서 시작되었다. 프레드릭 로우 옴스테드Frederick Law Olmsted라는 당시 미국 최고의 조경가가 보스턴 시민들을 위해 보스턴 브루클린 지역의 크고 작은 호수들, 공원, 그리고 습지들을 모두 엮어 찰스 강변의 보행 녹지들과 연결한 '보스턴 파크 시스템Boston Park System'을 탄생시켰다. '에메랄드 목걸이Emerald Necklace'라 부르기도 한다. 흩어져 있던 공간들이 하나로 작동하니 몰랐던 가치가 드러났고, 이렇게 엮은 길은 '그린웨이'라는 시대의 발명품이 되었다.

이후 유행처럼 전 세계도시들은 공원과 녹지를 연결하여 지역민들의 삶을 윤택하게 했다. 삼사십 년 전부터는 도시 내부나 지역의 명소나 문화재를 한꺼번에 둘러보는 지역 탐방 형태의 관광문화가 탄생하면서 트레일, 네트워킹 등의 신조어도 등장했다. 언젠가부터 유산이라 부를 수 있다면 뭐든 연결하려는 유행이 시작되고 있다. 2014년에는 세계사 책이나 역사서에서 이름으로만 듣던 실크로드가 '실크로드: 창안-톈산 회랑 도로망Silk Roads: the Routes Network of Chang'an-Tianshan Corridor'이란 이름으로 세계유산에 등재되기도 했다. 같은 해에 실크로드에 버금가는 남미 안데스산맥의 길이 세계유산에 등재되었다. '카팍냔, 안데스의 도로 체계Qhapaq Ñan, Andean Road System'는 잉카제국이 통신, 교역, 방어를 목적으로 조성한 무려 3만 km에 이르는

길이다. 길이가 길이인 만큼 국경을 넘어 연결하는 일은 예사다.

산업유산의 경우, 2008년부터 본격화된 '유럽 산업유산 루트ARIH/European Route of Industrial Heritage'가 최초다. 52개국의 1,768개소의 유산을 하나의 네트워크 시스템으로 통합하는 일은 매우 어려운 일일 것이다. 그런데 어떻게 이 일을 해냈을까. 아마 산업유산을 지키고 계승하겠다는 열정과 미래 세대를 생각하는 의지가 모든 장애를 뛰어넘게 했을 것이다.

↗ 전 유럽을 엮어 놓은 유럽 산업유산 루트 ⓒARIH

올레길, 갈맷길이 그렇듯 길을 통해 여러 가지, 특히 유산이라 여겨지는 것들을 엮으면 좋은 일이 따라온다. 이처럼 유산들을 엮는 효과가 무엇인지 살펴보니, 지역 정체성의 정립과 경제 활성화에 대한 기대와 결과가 가장 두드러진다. 정확히 예견하기는 이르지만, 산업유산에 대한 영역 확장과 우리의 생각의 폭을 넓힐 수만 있다면 우리나라에서도 최소 백여 곳 이상을 엮을 수 있을 것이다. 규모가 크고 다양한 활용이나 전용이 가능한 산업유산들을 거점유산앵커포인트으로 삼고, 그 사이사이에 작은 유산들을 엮어낸다면 '대한민국 산업유산 루트'도 가능할 것이다.

산업유산이 있는 곳은 도심이거나 도시 외곽지역이다. 따라서 산업유산과 연결되는 주변 곳곳에 도시의 문화적인 명소들과 수려한 풍경을 가진 자연의 명소들이 많다. 이 뿐인가. 도시 곳곳에 또 고을고을마다 특별한 전통시장들도 있다. 길을 엮는 시대적 흐름은 1인당 GDP 3만 달러 시대를 맞으며 급변하고 있는 우리의 라이프 스타일과도 일치한다. 단순 방문이 아닌 깊은 체험을, 잠시 머물기가 아닌 오랜 탐방을, 단일 시설이 아닌 넓은 지역을, 타고 지나가기가 아닌 걸으며 느끼기를 즐기는 시대 경향을 말한다.

3) 위로의 방법 : 멋지게 활용하기

산업유산이 세계 도처에서 새로운 얼굴로 등장하고 있다. 우리나라도 최근 20여 개가 넘는 산업유산이 지역의 명소가 되었다. 이는 산업시설의 재활용이 지속가능한 개발이라는 시대의 흐름에 부응하여 퇴락한 지역의 경제 활성화를 위한 새로운 지역 재생의 장치로 활용되고 있음을 보여준다.

21세기에 접어들면서, 산업유산의 재활용에 대한 논의와 관심이 왜 급격하게 커져가고 있을까? 아마도 가장 큰 이유는 산업유산이 가진 '공간 활용성'이 아닐까 한다. 산업유산은 대부분 내부에 기둥이 없고 천정고가 높은 메가 스트럭처mega-structure의 구조를 가지고 있기 때문에 다양한 기능으로 활용할 수 있는 무한한 가능성을 갖고 있다. 또한 어느 정도의 변화를 기할 수 있는 등록문화재이거나, 비非문화재인 경우가 많아 창의적인 변형이 가능하다.

／ 메가스트럭처여서 산업유산은 활용이 가능하다 :
파가니니음악당, 파르마 ⓒAuditorium Paganini

두 번째 이유는 '입지'와 관련된다. 산업유산은 지역을 기반으로 하는 산업과 밀접한 관계를 맺고 있고, 입지적으로 도심이나 항만 지역에 집중적으로 분포하며, 단일시설로 존재하기보다는 여러 시설이 집합적으로 모여 있는 경우가 많다. 따라서 산업유산은 도시문화관광과 연계할

/ 화력발전소가 템스강변에 입지했기에 활용되었다
: 테이트모던 미술관, 런던

수 있고, 지역산업의 재창출을 유도하는 실마리로 활용할 수 있는 것이다.

/ 오염되었던 제철소가 다시 살아나고 있다
: 랜드샤프트파크, 뒤스부르크

세 번째는 산업유산의 '재생성'과 관련된다. 산업유산은 기능 쇠퇴 후 버려진 땅을 칭하는 '브라운 필즈brown fields'에 속한다. 특히 낙후된 옛 산업지대와 공간시설은 원도심이나 항만에 위치한 경우가 많아 지역재생의 새로운 가능성을 열 수 있는 잠재력을 보유하고 있다. 산업유산은 신개념의 도시 자산이다.

네 번째는 산업유산에 내재된 '장소적인 특성'이다. 산업유산은 대부분 해당 지역에서 번성했던 지역 산업과 맥을 같이 하며, 지역민의 생산구조 및 생활양식

／ 공장지대가 시민의 공원으로 활용되고 있다
: 노리다케의 숲, 나고야

과 연관성을 가진다. 따라서 산업유산은 근대 기억과 현대의 삶이 함께 공존하는 지역 문화의 매개체다. 또한 장소 마케팅place marketing 차원에서 지역적 향수를 불러일으킬 수 있으며, 이러한 속성은 지역 문화의 융합적 발상을 요구하는 시대 트렌드와도 일치하는 것이다.

마지막은 산업유산의 '이미지'로, 어떻게 보면 가장 중요한 이유일지도 모른다. 산업유산은 대부분 거친 질감의 외피를 가지고 있다. 이러한 질감의 산업유산이 섬세하고 세련미를 추구하는 현대 문화 및 예술과 만날 때

／ 거친 질감은 산업유산의 최고 매력이다
: 촐페라린광산, 에센

극명한 대비 효과를 불러일으킨다. 흔히들 말하는 빈티지vintage 문화, 레트로retro 문화와 연관성을 가지는 것이다.

산업유산이 주목받는 이유를 다섯 가지로 정리해 보았지만, 사실 각각의 산업유산이 보이는 양상은 저마다 다르기도 하고 복합적이다. 산업유산은 업종의 종류와 유산의 상태에 따라 쓰임새가 달라진다. 산업유산마다 지니고 있는 역사적 가치의 차이는 세계유산이나 국가문화재 지정에 영향을 미치고, 이는 보존 또는 소극적인 재활용에 그치는 요인으로 작용한다. 세계유산이나 문화재 지정이 되지 않더라도 핵심자원으로 분류되는 것은 절대적으로 보존하기도 하고, 외형은 보존하되 내부는 180도 바꾸어 사용하기도 한다. 보존 가치가 떨어지는 경우에는 전체 골격과 요소들만 재활용하고 증축이나 리모델링을 통해 새로운 공간으로 재활용하기도 한다.

／ 창고에서 공연장으로 완전히 용도가 바뀌었다
   : 엘베필하모닉, 함부르크

그러나 재활용의 수준과 방향을 정하기가 어려운 산업유산도 있다. 규모가 너무 크거나 시설 자체와 기계장치가 복잡하여 미래 용도

아크

를 결정하기가 어려울 경우, 섣불리 재활용하기보다는 과감하게 '방치'의 방식을 선택하기도 한다. 미래에 제대로 된 활용을 위한 장기적인 포석인 것이다.

산업유산의 재활용에 있어 최근의 경향을 반영한 키워드는 '다중多衆'과 '자율自律'이라고 할 수 있지 않을까. 주관과 개성을 가진 다양한 사람들이 하나의 장에 모여 자유롭게 활동할 수 있는 공간이 바로 산업유산이다. 유산 자체의 가치를 표출하면서 생각을 펼치는 장소, 작품을 담고 전시하고 보여주는 장소, 훈련과 연습의 공간, 전문적으로 배우기 위한 학습의 장, 머물며 표현하고 삶을 영위하는 공간, 예술작품을 전시/매매하는 공간으로 활용되기도 한다. 이런 경우도 있다. 단순 활용이 아닌 산업유산 전체가 문화예술공간으로 용도가 바뀌기도 하고, 반대로 원형 그대로 보존하여 산업시설 자체를 예술작품으로 삼는 경우도 있다. 또한 보통 때는 방치하다 일정 기간 동안 축제의 장으로 변신시켜 활용하는 경우도 있다. 2~3가지가 섞여 복합적으로 나타나는 사례도 있고, 시간 차이를 두고 여러 기능이 반복적으로 나타나는 경우도 있다.

5. 마치며

일반적으로 산업유산은 하드웨어, 소프트웨어, 휴먼웨어로 구성되는데, 본 글은 다소 하드웨어를 중심으로 정리되었다. 여기서의 소프트웨어란 산업 기술이나 기업정신이 포함되고, 휴먼웨어는 기업가, 기술자 그리고 노동사와 그 가족이 해당될 수 있다. 산업유산을 얘기할 때 자칫 노동자를 빠뜨리는 경우가 허다하다. 일본이 메이지 산업혁명유산을 세계유산에 등재시키며 그들이 강제 동원했던 우리 선조들의 역사를 의도적으로 누락시켰던 것처럼.

국가와 지역의 산업 발전에 공을 세운 산업유산의 현장을 가보면 해당 산업을 운영했던 기업가와 참여했던 기술자는 늘 언급된다. 그러나 산업현장에서 땀으로 누볐던 노동자의 이야기는 빠져있을 때가 많다. 그들이 없었다면 산업화로 인한 번영은 없었다. 어떻게 보면 산업역군이라 부르는, 또한 산업화에 희생된 노동자에 대한 기억과 흔적은 산업유산에 있어 우선적으로 위로해야 할 대상이라 할 수 있다. 이처럼 산업유산에 있어 '사람'은 놓치지 말아야 할 소중한 대상인 것이다.

대한민국은 산업화가 이룬 경제적 번영의 혜택을 크게 받았고, 여느 나라들과 견주어보아도 그 혜택의 정도는 대단하다. 그렇기에 번영의 과정이자 결과물인 산업유산을 위로의 대상으로 삼는 것은 우리의 기본적인 책무라 할 수 있다. 그런 산업유산이 산업화가 아닌 문화와 여가, 그리고 새로운 삶터라는 또 다른 방법으로 인류에게 위로를 선사하고 있다. 더 큰 것으로 위로를 다시 돌려주고 있는 것이다. 그 위로는 산업유산을 훼손과 파괴에서 지켜낸 사람들이 누릴 수 있는 권리이기도 하다. 어찌 되었든 산업유산의 존재는 위로의 대상임에 틀림없다.

참고문헌

강동진, 『녹숲에서 반짝임으로, 경북산업유산이야기』, 부산: 비온후, 2018
강동진, 『산업유산』, 서울: 커뮤니케이션스북스, 2022

차윤석

부산대학교 도시공학과를 졸업하고 도시디자인을 공부하기 위해 베를린공과대학 건축학과로 유학해 학부와 석사 과정을 마쳤고 이후 여러 건축사무소에서 실무 경험을 쌓았다. 단독주택부터 대형 쇼핑몰까지 여러 스케일의 건축 작업과 아부다비 메트로 프로젝트, 카타르 루자일 경전철 프로젝트 등의 도시 스케일 작업에 참여했고 독일 건축사를 취득하였으며 귀국 후 동아대학교 건축학과 교수로 재직 중이다.

불안과 방어기제, 그리고 도시건축의 자위

불안과 방어기제

사춘기는 갑작스러운 성장으로 인한 신체와 두뇌 발달의 '부조화'로 끊임없는 감정적 변화가 나타나는 시기로, 대표적인 증상 중 하나가 바로 '불안'이다. 물론 살다 보면 '불안'이란 요인은 시기를 막론하고 찾아오기 마련이나, 특히 사춘기에 심하게 나타나는 이유는 이미 언급한 '부조화' 때문이다. 거기에다 복잡해진 사회 여기저기서 치고 들어오는 다양한 스트레스까지 겹치게 된다면 무언가 부정적인 결과가 나타나리라는 것은 불 보듯 뻔하다. 이러한 부정적 결과로 흔히 나타나는 장애 중 하나가 '불안장애'이다. 한번 발현되면 누가 옆에서 하루 종일 붙어서 달래면서 '위로'를 해준다고 해서 이 문제가 해결되는 것은 아니다. 물론 혼자서도 해결할 수 없는 문제지만, 이런저런 방법을 동원해 보다가 결국 포기하고 수용하는 경우가 대부분이다. 이 문제에 대한 다양한 연구들이 있지만, 공통적으로 주장하는 바는 '공감'과 '수용'의 단계를 거쳐, '자기인식'을 통한 조절로 극복하는 것이 일반적인 해법이라고 한다. 여기서 핵심은 혼자가 아닌 타인과의 '관계'를 통해 자기를 인식하고, 자아가 형성되면서 '불안'을 극복하는 것이다. 만약 이렇게라도 이 시기를 무난하게 넘긴다면 다행이지만, 그렇지 못하다면 문제가 발생할 가능성이 크다. 그 결과로 나타나는 것이 왜곡된 '방어기제'들이며, 왜곡된 방어기제를 가지고 성장한 사람들은 타인 혹은 외부와의 의사소통 문제나 단절을 비롯하여 다양한 사회적인 문제를 경험하게 되는 경우가 많다.

도시와 건축도 사춘기가 있을까?

서론이 길었다. 하지만 굳이 귀한 지면을 할애해 다른 이야기를 장황하게 늘어놓은 데는 이유가 있다. **필자는 지금 우리의 도시와 건축이 '미성숙'에서 기인된 심각한 '부조화'를 겪고 있다고 생각하기 때문이다. 마치 사춘기같이.**

우리나라는 60년대부터 90년대 초반까지 상대적으로 짧은 기간에 유례없는 고도성장을 했고, 그로 인한 심각한 사회적 부작용을 경험하고 있다는 말은 귀에 못이 박히도록 들었다. 이 말과 더불어 90년대 후반 경제 위기가 왔을 때, 샴페인을 너무 일찍 터뜨렸다는 비아냥 섞인 말도 이제는 촌스러운 표현이 되어 버렸다. 당시 최우선 목표는 전쟁으로 폐허가 된 국가의 재건과 경제발전이었고, 질적 발전보다는 양적 발전이 우선시 되던 시기였다. 양적 발전 자체가 나쁘다는 것은 결코 아니다. 오히려 성장의 초기에는 개인이든 조직이든 어느 정도의 양적 성장이 뒷받침되는 것이 더 좋을 때도 있기 마련이다. 우선 두 발로 설 수 있어야, 걷든지 뛰든지, 뭐라도 할 수 있지 않겠는가? 일단 어느 정도 양적 성장이 이루어지고 나면 그에 걸맞은 질적 성장의 필요성이 인식되고, 그때부터 어떻게 질적 성장을 달성할지에 대한 다양한 성찰과 방법들이 제기된다. 물론 질과 양이 적당히 밸런스를 맞추는 것이 가장 이상적이겠으나, 인류사에서 그런 경우를 찾아보기는 힘들지 않을까 싶다. 그리고 전 세계는 이러한 성장이 남긴 부작용의 뒤치다꺼리를 지금 하고 있는 중이고.

어쨌든 이 시기는 모든 분야에서 급속한 양적 성장을 이루던 시기였으며, 도시와 건축 또한 예외는 아니었다. 엄청난 양적 성장을 했음에도 불구하고 질적 성장을 이루지 못한 이유에 대해

서는 다양한 분석들이 있다. 특정 분야에 대한 과잉투자와 요즘
들어 어디선가 많이 회자되는 카르텔로 인한 독과점 허용, 미성숙한
시민의식 등이 대표적 원인으로 손꼽힐 수 있을 것이다.

╱ 우리 도시의 풍경. 왜 이렇게 되었는지에 대한 원인은 일일이 다 언급할 순 없으나,
   누가 봐도 이해하기 힘든 풍경인 것만큼은 명확하다.

하지만 이 글에서 필자는 약간 다른 관점으로 도시건축과 관
련된 우리의 역사를 조심스레 되짚어 보고자 한다. 논지를 전개
하기 전에 한 가지만 언급하고 넘어가자면, 필자는 결코 역사적
결정론자는 아니라는 점이다. 특정 시기를 경험해야 다음 시기
로의 자연스러운 이행이 보장될 수 있다는 이들의 주장에 대해

서는 회의를 가지고 있음을 미리 밝혀둔다,

　우리 도시건축의 역사를 살펴볼 때, 빠지지 않고 등장하는 것 중 하나가 바로 일제 강점기이다. 부정적 평가가 주를 이루고 있으나, 근대화와 관련해서는 일부 긍정적 평가가 동시에 이루어지고 있으며, 이 문제는 아직도 논란의 중심에 서 있다. 필자가 여기서 주목하는 점은 일제 강점기 시절, 전반적인 근대화 과정과 우리 도시건축의 관계이다.

　우선 전반적 근대화 과정을 살펴보자. 이 글에서 세부적인 역사적 사실에 대해 언급하고 분석하는 것은 큰 의미가 없다고 생각되니, 넓은 관점에서 한번 훑어본다고 생각하자. 근대화의 물결이 아시아로 밀어닥칠 당시 우리는 자발적으로 이를 수용한 국가는 아니었다. 물론 서구의 문물을 받아들이자고 주장했던 일부가 있긴 했으나, 극히 소수였으며 사회 전반에 걸친 '필요성'이나 '당위성'이 거의 성립되지 않았다고 해도 과언은 아닐 것이다. 당시 혼란했던 사회 상황과 일제 강점기라는 시기를 거치면서 반강제적인 수용이 이루어졌다는 것이 적절한 표현일 것이다. 이 과정을 통해 우리는 의도치 않은 패러다임의 단절을 경험할 수밖에 없었을 것이고, 혼란이 예견되었음은 굳이 말할 필요가 없을 것이다. 역사를 보는 관점에 따라 역사적 이행은 연결, 혹은 단절된다는 견해가 팽팽하게 양립하고 있으나 일반적으로 이런 견해는 자발적으로 발생한 역사적 이행을 설명할 때 의미가 있다. 비자발적인 역사에서 다음 과정으로의 이행은 -연결이 되었든, 단절이 되었든- 어떤 식으로든 문제가 발생하기 마련이다. 하고 싶어 하는 것과 억지로 하는 것은 분명히 차이가 있다 정도로 이해하는 것이 더 쉬울 수도 있겠다. 이쨌기나 사회 전반의 필요성과 지지를 얻지 못하는 변화는 부작용을 수반할 수밖에 없다. 따라서 어떻게든 도입이 되었고, 그러면 여기에 우리의 색을 입히면 우리 것이 될 수도 있지 않겠느냐는 주장은 무리가 있다. 이 부분에 대해서는 천천히 설명하도록 하겠다.

이제 범위를 도시와 건축 분야로 압축해서 살펴보자. 사회 전반에서 제대로 수용되지 못한 '근대화'가 도시건축분야라고 예외일 수는 없을 것이다. '근대'를 제대로 수용하지 못하였을 뿐더러, 자발적인 도시건축적 전통 계승에 관한 논의와 과거에 대한 반성이 누락되었다는 점은 논란의 여지가 없을 것이다. **그리고 이러한 자발적인 행위가 없었다는 점에서 이 시기의 도시와 건축을 이후 출현할 무언가의 원형**Prototype**으로 받아들이기에는 힘들다는 것이 필자의 견해이다.** 단지 특정 시대의 도시나 건축이 가져야 할 조건인 '시대에 대한 반영'이나 '독창성 originality'의 부재가 문제가 아니다. 지금 우리가 가지고 있고,

만들어내는 것의 '기원'이나 '시작'에 대한 설명이아니면 변명이라도 힘들다는 것이 문제이다. 그리고 이 문제는 역사적 경험의 부재와 단절에서 비롯되었음은 누가 봐도 자명하다.

여기서 설명이 힘들다는 의미는 단지 도시와 건축의 양식이나 기술적인 부분만을 의미하지는 않는다. 특정 시기의 특정 양식이 새롭게 도입될 때는 현지화를 거치는 것이 일반적이지만, '근대'와 관련된 부분은 단지 특정 양식이나 외관만을 가지고 논할 일은 절대 아니다.

왜냐하면 '근대'는 단지 연대기적 특정 시기를 의미하는 것이 아니기 때문이다. '근대'의 중요성과 의미는 다른 시기와는 많이 다르다. '근대'는 앞선 시대에 대한 반성이자, 반작용이다. 따라서 '근대도시건축'을 논할 때, 특정 사조나 양식보다 더 중요한 부분은 지나간 '역사'와 '패러다임'에 대한 자발적이고 명확한 인식과 반성이며, 과거를 스스로 부정할 수 있는 '논리'와 '의지', 그리고 '실행력'이다. 따라서 '근대도시건축'은 독자적으로 존재할 수 있는 개념이 아니라, 근본적으로 선행된 역사와 현상, 발전과정에 대한 이해를 바탕으로 도입되고 수용되어야 하는 '근대'라는 거대한 현상의 '일부'로 이해되어야 한다. 따라서 '근대'에 대한 이해 없이, '근대도시건축'을 특정 양식이나 사조로

받아들이는 태도는 위험하다. 또한 '근대'의 특정 분야만을 따로 설명하는 것도 분명 무리가 있다.

╱ 조선총독부 철거 장면. 단순히 국민적 감정이나 역사적 반감이 철거의 원인일까?
　철거에 대한 국민적 지지의 원인이 무엇인지 한번 생각해 봐야 한다.

이유 여부를 막론하고 우리가 당시 근대를 제대로 경험하지 못한 것은 논란의 여지가 없는 사실이다. 하지만 이 사실 자체는 가치판단의 대상이 되기 힘들다. 근대를 경험했다고 해서 선진국이나 좋은 국가가 되는 것도 아니며, 그렇지 못하다고 해서 반대의 경우가 된다는 논리는 성립될 수 없기 때문이다. 하지만 우리의 경우, 근대는 식민지 통치를 위한 '정치적, 문화적 프로파간다'로 도입되었고, 주입되었던 것은 분명하다. 그리고 이러한 과정에서 근대에 대한 '성찰'과 '자기반성'이 결여되었다는 명확한 문제가 있다. 애초부터 우리가 필요해서 가져온 것이 아니었으니 이 문제는 이미 예견되었다고 말해도 큰 무리는 없을 것이다.

사춘기를 잘못 보낸 도시와 건축

일각에서는 식민지 시절, 일제에 의해 강제적으로 도입된 일본식으로 변형된 '유럽식 조악한 복사본'들이나 흔히 우리나라 근대도시건축의 1세대라고 불리는 분들의 결과물들을 우리의 근대도시와 건축의 시발점으로 규정하자는 주장과 움직임이 제기되기도 한다. 전혀 이해가 되지 않는 주장은 아니다. 문득 정신을 차리고 주변을 둘러보니 도시와 건축이라고 할 만한 것들이 눈에 보인다. 보이는 것을 부정할 순 없으니, 어떻게든 설명을 해야 할 것 같은 강박이 든다. 하지만 막상 기원을 찾으려 파고들다 보면, 불과 6, 70년만 거슬러 올라가도 거대한 단절이 눈앞을 가로막고 있다. 절망적이고 답답하기 이를 데 없을 것이다.

물론 모든 경우에 해당되는 것은 아니지만, 적어도 역사를 인식함에 있어 과거와 연결된 현재의 상황을 제대로 설명하지 못하고 이해하지 못하는 것은 '정체성 부재'의 문제로 직결되며,

이는 앞으로도 우리를 괴롭힐 것임은 불 보듯 자명하다. '정체
성 부재'는 '불안'을 야기한다. 사춘기 시절 "도대체 나는 누구
인가?"라는 해답 없는 질문을 끊임없이 하는 이유도 '정체성'에
대한 '불안'의 표현이다. 지금 우리가 가진 것에 대한 '정체성'을
설명하지 못한다는 사실은 두고두고 문제가 될 것이니, 뭐라도
가져와서 기원을 만들고 서사를 만들어야 할 것 같은 강박에 사
로잡히는 것은 어떻게 보면 당연한 반응일지도 모른다.

비록 잘못되거나 왜곡된 기원일지라도 출발점으로 삼는 것이
나쁘지만은 않을 것이라는 생각은 불안과 강박에서 오는 '부정
denial'과 '투사projection' 그리고 '합리화rationality'라는 '방어기
제defence mechanism'들의 조합이다. 개인적으로 방어기제는 누
구나 다 가지고 있는 것이고, 일상에서 의식적, 무의식적으로 사
용하고 있다. 이는 결국 개인의 '미성숙'에 대한 반증일 수밖에
없다. 위에 나열된 방어기제와 관련된 개념들이 명확하게 와 닿
지 않는다면, 쉬운 말로 '남 탓', '거짓말' 정도로 이해하면 된다.
남 탓하고, 거짓말을 하는 사람을 두고 성숙한 사람이라 하지는
않는다. 그리고 이런 사람들은 보통 성장과정에서 문제가 발견
되기 마련이다.

오스트리아의 심리학자 지그문트 프로이트Sigmund Freud,
1856년 5월 6일 ~ 1939년 9월 23일의 딸, 안나 프로이트Anna Freud,

아크

/ 지그문트 프로이트와 딸 안나 프로이트.

1895년 12월 3일 ~ 1982년 8월 9일의 이론에 따르면, 이러한 방어기제는 유아기의 나약한 자아를 보호하는 과정에서 발달한다. 하지만 지나친 방어는 자아의 성숙을 방해하는 작용을 한다. 가장 이상적인 자아의 발달은 안정된 환경에서 방어기제의 사용 없이 성숙한 자아로 성장하는 것이다. 물론 오래된 이론이기도 하고, 오늘날에는 방어기제에 대한 더 진보된 이론들이 있다. 하지만 안나 프로이트의 이론에 내용을 좀 더 추가했을 뿐, 기본은 유사하다고 보는 것이 타당하다.

어쨌거나 지나온 사실을 돌아봐도, 이론적으로 설명을 해봐도 우리의 도시와 건축은 태생과 성장과정에 문제가 있어 보인다. 따라서 문제를 제대로 해결하지 못한 상태에서 아무리 한국적인 무언가를 입힌다고 해도 결국 **'복사본의 본사본**혹은 짝퉁의 짝퉁?**'**이라는 오명에서 벗어나긴 힘들 것이다. 시대가 그랬으니 어쩔 수 없었다는 말은 단지 변명에 지나지 않는다. 그냥 못했으면 못했다고, 안 했으면 안 했다고, 몰랐으면 몰랐다고 인정하는 '자기반성'이 선행되어야 한다. 그래야 잘못된 것을 고칠 근거와 이유가 마련되기 때문이다. "그래도 그게 내 잘못은 아닌데"라는 생각이 머릿속 한구석에 자리 잡고 있는 한, 언젠가는 잘못의 원인을 외부에서 찾으려는 방어기제가 발현되기 마련이다. 따라서 백 번을 양보하더라도 '아픈 역사도 역사다'라는 편향된 전제로 당시의 모든 상황을 제대로 된 비판 없이 수용하자는 것은 무리가 있는 주장일 수밖에 없다.

비판받는 근대

앞서 언급한 내용들을 천천히 따라오다 보면, 마치 '근대'를 제대로 경험했다면 도시와 건축을 비롯하여 모든 전반적인 상황들이 훨씬 나아졌을 것만 같은 느낌을 받을 수도 있다. 개인적으로도 실제로 그렇게 되었다면 얼마나 좋았을까 하는 상상도 해본다. 하지만 '전성기'는 언제나 그렇듯이 짧고, 강렬하다. '근대'의 시작에 대해서는 다양한 견해들이 존재하지만, 필자는 개인적으로 그 시작을 이미 기원전 철학으로 보고 있다. 하지만 일반적으로 통용되는 주장은 아니므로, 16~17세기 정도로 보고 전성기를 산업혁명 이후인 18~19세기로 전제하고 주장을 전개함을 미리 밝혀둔다. 천년을 누려왔던 '중세'를 정면으로 부정한 '근대'는 불과 한 세기 - 길면 두 세기 - 라는 짧은 전성기를 맞이하고, 비극적 역사와 커다란 비판에 직면하게 된다.

비극의 시작은 바로 '파시즘'의 출현일 것이다. '호르크하이머Max Horkheimer, 1895년 2월 14일 ~ 1973년 7월 7일와 아도르노Theodor Adorno, 1903년 9월 11일 ~ 1969년 8월 6일는 세상에서 가장 우울한 책이라는 그들의 저서 『계몽의 변증법』에서 '근대'의 중심에 서 있는 불완전한 '인간이성'이 '도구적 이성'으로 전락했으며, 이와 더불어 '계몽'의 한계로 나타난 원치 않은 결과가 바로 '파시즘'이란 주장을 했다. '파시즘'은 '전쟁'과 '홀로코스트'로 이어지는 역사적 비극을 낳았으며, 이 모든 현상의 중심에는 '인간이성'과 '근대'에 대한 맹목적 믿음이 자리 잡고 있었다는 것이 이들 주장의 요지이다. 이들은 단지 정치뿐 아니라 문화와 사회 전반에 걸친 '도구적 이성'과 '계몽'의 잘못된 사용에 대해 날카로운 비판을 하고 있다. 물론 날카로운 비판과는 별개로 대안과 결론에 대해서는 동의하기 힘든 부분이 많음은 인정해야 할 것이다.

필자는 이들의 주장을 바탕으로 '근대' 역시 잘못된 시기라는 비판을 하고 고치자는 주장을 하고자 하는 것이 아니다. 이 문제

╱ 막스 호르크하이머(좌)와 테오도르 아도르노(우)

역시 '가치판단'의 대상이 되긴 힘들다. 여기서 필자가 중요하다고 생각하는 점은 결과를 떠나서, '근대'를 만들어 내는데 주도적인 역할을 한 **'이성'에 대한 '이성적 자기반성'이란 '성숙한 태도'**이다.

미성숙과 자위

당시의 '반성 없는 도구적 이성'의 결과로 기인한 '파시즘'은 우연찮게 전쟁이란 결과로 귀결되었지만, 오늘날에도 그 그림자는 여전히 우리 사회 전반에 드리워져 있다. 그리고 우리의 도시와 건축 또한 이 그림자에서 벗어나긴 힘들다. 우리의 도시와 건축이 지금까지 어떤 길을 걸어왔는지, 그 결과가 무엇인지에 대해 천천히, 그리고 냉정하게 둘러봐야 한다. 그리고 칭찬을 한다면, 무엇을 왜 칭찬하는지, 비판을 한다면 무엇이 왜 비판받아야 하는지에 대한 논의가 선행되어야 한다. 또한 칭찬이든 비판이든 그 대상과 목적이 성립되기 위해서는 제대로 된 질문을 해야 한다. 미성숙의 특징 중 하나는 질문을 제대로 하지 못한다는 것이며, 반복해서 어설픈 질문들을 던지고 대답하면서 마치 답을 찾아낸 양, 좋아한다는 것이다. 하지만 이는 아무리 좋게 봐도 어설픈 '자위'에 지나지 않는다. 혹은 숨겨진 의도가 있든지.

제대로 되지 않은 질문에서 올바른 대답을 기대하는 것이 더 이상한 일 아니겠는가? 여기저기서 끊임없이 '도시가 무엇인가?', '건축이 무엇인가?'라는 질문을 하고, 나름의 해답을 주장하고 있는 혼란한 시기임은 분명하다. 하지만 객관성이 담보되어 있다고 믿고 있는 이러한 질문의 형식이 과연 올바른지에 대해 재차 질문이 필요하다.

현재 우리가 가지고 있는 도시건축적 기반은 그다지 오랜 역사나 학문적 배경을 가지고 있지 못하다는 것이 냉정한 판단일 것이다. 앞서 언급했듯이 불과 30년 전만 해도, 소위 1세대 유학

파들을 한국 근대도시와 건축의 시작으로 보거나, 조명하는 것이 일반적이었다. 이들의 도시와 건축은 자연스럽게 근대 유럽과 일본의 작품과 이론들로 연결되었고, 이것이 마치 근대도시건축의 알파이자 오메가로 인식되던 시절이 바로 80~90년대였다. 황무지에서 무엇이라도 해야 했던 1세대 건축가와 도시계획가들의 노력은 분명 칭송받아 마땅하다. 하지만 당시 이를 받아들이는 우리의 자세나 태도가 미숙했다는 점은 인정해야 될 사실이며, 제대로 된 비판 없이 수용한 것은 분명 반성해야 할 일이다. 더구나 30여 년이 지난 오늘날까지도 아무 생각 없이 같은 주장을 반복하는 분들이 있음을 보면서 교육혹은 세뇌?의 무서움을 새삼 느낄 때도 있다.

30년 전이나 지금이나 도서관에 제대로 된 건축 관련 이론서나 번역서 한 권 없기는 마찬가지고, 교육방식에 있어서도 큰 변화는 없으며, 실무조차도 큰 변화가 없는 현실을 보면서 실소조차 나오지 않을 절망을 느낀 적이 한두 번이 아니다. 필자의 개인적 생각만은 아니었으면 하는 바람이며, 이런 현실이 조금이라도 나아졌으면 하는 바람이 너무 큰 욕심은 아니길 바랄 뿐이다. 현재 우리가 어디에 서 있는지, 어떤 길을 걸어왔는지, 다시 한번 돌이켜 보는 시간이 절실하다. 그리고 만약 문제가 있다면, 원인에 대한 규명이 필요하고, 지금이라도 고쳐나가려는 자발적인 '의지'와

'실행력'이 필요하다. 변화가 없기 위한 조건은 '완벽'해지는 것이다. 하지만 '완벽'이 불가능한 현실이란 건 누구나 알고 있지 않은가? 미성숙한 그 무엇이 성숙해지기 위한 조건은 그렇게 어렵지 않다. 단지 냉정한 판단과 인정, 그리고 자기반성이 필요할 뿐이다. 이제는 어설픈 '자위'에서 빠져나와야 한다.

글을 마무리하며

주제를 받는 순간, "글쓰기 정말 힘들겠구나!"라는 생각이 머리를 스치고 지나갔다. '위로'라는 주제로 글을 풀어내기 위한 많은 생각들이 있었다. 가장 흔하게는 도시와 건축이 우리에게 위로를 주는 무언가가 되어야 한다는 상투적이고 감성적인 접근부터 여러 가지로 주제와의 연결을 시도해 보았으나, 개인적으론 딱히 마음에 들지 않았다.

우리의 도시와 건축처럼 하루가 멀다고 변화하는 환경 속에서는 '위로'를 받기란 거의 불가능하다는 판단이 들었고, 여기서 태어나서 성장한 우리에게는 이러한 변화는 당연한 것으로 여겨질 수밖에 없다. 그러한 현상이 당연시되는 곳에서 도시와 건축이 '위로'를 줄 수 있는 존재라는 주장이 끼어들 여지가 보이지 않았다. 그렇다고 이런 현상이 잘못된 것이냐고 물으면 딱히 할 말이 있는 것도 아니다. 이런 것도 있고 저런 것도 있는 것이 세상인데, 어찌 편협하게 하나만 고집할 수 있단 말인가?

그러면서도 개인적인 고집을 포기하기는 힘들어 '위로'라는 주제를 약간 비틀어 본 결과로 나온 키워드가 '자위'이다. '자위' 도 '위로'의 일종이니 괜찮지 않을까라는 생각으로 글을 시작했 으나, 이 역시 슬프게도 어설픈 '자위'로 끝난 해프닝이 아닐까 싶다.

현재 우리가 어디에 서 있는지,
어떤 길을 걸어왔는지, 다시 한번
돌이켜 보는 시간이 절실하다.
그리고 만약 문제가 있다면,
원인에 대한 규명이 필요하고,
지금이라도 고쳐나가려는
자발적인 '의지'와 '실행력'이 필요하다.
변화가 없기 위한 조건은
'완벽'해지는 것이다. 하지만 '완벽'이
불가능한 현실이란 건 누구나
알고 있지 않은가?
단지 냉정한 판단과 인정,
그리고 자기반성이 필요할 뿐이다.

이성철

창원대학교 사회학과 교수이며, 산업 및 노동사회학을 가르치고 있다. 산업 문제를 문화의 시각에서 바라보려는 관심으로 여러 논문과 단행본을 썼다. 대표적인 저서로 『영화가 노동을 만났을 때』 『안토니오 그람시와 문화정치의 지형학』 『노동자계급과 문화실천』 『경남지역 영화사』가 있다.

고독했던 사람 고흐, 우리에게 위로를 건네다

2016년의 마지막 날 중고서점에 주문했던 책이 도착했다. 노무라 아쓰시가 쓴 『고흐가 되어 고흐의 길을 가다』였다. 저자는 벨기에에 거주하며 유럽 각국의 미술관과 교회를 돌며 서양미술을 감상해 왔다고 한다. 이 책은 고흐가 태어난 곳에서 동생과 함께 묻힌 오베르의 묘지까지 고흐의 발자취를 따라가며 쓴 책이다.

손에 받아 든 이 책을 이리저리 살펴보고 있는데, 엽서 크기의 낡은 종이 한 장이 떨어졌다. 이전의 책 주인이 끼워놓은 고흐의 「슬픔」1882 이었다. 출력이나 복사한 것이 아니라 다른 책에서 오린 것으로 보였다. 아마 자신이 갖고 있는 다른 책에서 가져온 것이리라. 종이 위쪽에는 테이프 자국이 남아있었다. 책상 앞에 붙여두고 보았을 것이다. 고흐의 잘 알려진 그림보다 하필이면 왜 이 그림이었을까? 여러 생각들이 일었다. 그림에 담긴 의미들을 하나씩 살펴보기 시작했다.

「슬픔」의 제작연도는 1882년으로 알려져 있다.참고로 이 그림은 세 가지 버전이 있다. 네덜란드의 헤이그에서 '신 호르닉'흔히 '시엔Sien'으로 불린다.과 함께 살던 때였다. 고흐는 네덜란드 에텐의 집을 나와 어렵게 지내는 상황이었고 그녀는 고흐가 만나기 이전부터 거리에서 생계를 잇고 있었다. 그리고 딸아이 하나와 임신한 아이까지 있는 상황이었다.

그림 아래에는 백합과 스노우 드롭snowdrop이 있고, 그녀의 앞에는 담쟁이가 있다. 담쟁이는 정절, 백합은 결백을 상징한다. 절망적인 상황에서 드러낸 차갑도록 시린 반어反語이다. 그리고 발치에는 이제 막 꽃이 드러나는 스노우 드롭이 있다. 스노우 드롭 꽃은 정말 이쁘다. 개인적으로 좋아하는 꽃들 가운데 하나이기도 하다. 이 꽃은 갈란투스나 설강화雪降花라고도 불린다. 1월의 꽃이고, 꽃말은 희망, 위안, 그리고 위로이다. 고흐는 동생 테오에게 보낸 편지에서, 시엔을 담은 「슬픔」 연작이 자신의 최고 드로잉이며, 여태 한 일 중에 가장 잘한 일이라고 말하기도 했다. 그리고 「슬픔」의 제작은 사람들에게 감동을 주기 위한 작은 시작이었다고 말한다. 한때 성서 공부에 몰두했던 고흐는 예수가 막달라나의 여인에게 했던, 다음과 같은 말을 마음에 새겨두고 있었을 것이다. "많은 사랑을 베푼 사람은 많이 용서받는다…" 예수의 가장 아름다운 말 중 하나이고, '기적 이야기'가 아니라 '위로 이야기'다.엔도 슈사쿠, 『예수의 생애』 참조

고흐는 왜 이 그림 속에 희망과 위안의 알레고리가 담긴 상징들 또는 도상들을 넣어두었을까? 고흐는 네덜란드 시절1880-1886뿐만 아니라 프랑스 시절1886-1890까지, 즉 그의 전 생애 걸쳐 처절하게 외로웠던 사람이다.그는 평생에 걸쳐 20여 곳을 전전했다. 그러나 그의 외로움은 시대로부터의 절연이나 아버지와의 불화, 자신의 능력에 대한 끊임없는 회의 등에서 비롯된 것만 아니었다. 오히려 자신보다 더 낮은 사람들과 지역으로 향했던 그의 정신과 행동에서 비롯된 것이었다. 나는 그의 삶과 작품으로부터 큰 위로를 받았다.

고향 쥔데르트를 떠난 고흐는 벨기에 브뤼셀에서 선교사 교육을 받은 후 벨기에 남부의 '보리나주'Borinage로 가려고 한다.

그러나 그의 목회자로서의 활동은 곡절 끝에 금지되고 6개월 기한의 평신도 설교자 자격만 갖게 된다1878년 12월. 그는 보리나주로 가기 전 브뤼셀의 샤를루아 운하 옆에 있는 '오샤르보나주탄전이라는

뜻'라는 간판을 달고 있는 카페를 스케치하기도 했다「카페 오샤르보나주」1878. 광부들이 하루의 노동을 마치고 모여드는 곳이었다. 이처럼 그의 시선은 초기 작품에서부터 저 낮은 곳으로 향하고 있었다.

당시의 보리나주는 프랑스 국경 근처에 있는 탄광지대였다. 광부 3만 명, 여성 노동자 2천 명, 14세 이하의 소년 노동자 2천 5백 명 등이 살았던 거대한 광산촌이었다. 고흐는 1879년 2월 1일부터, 이곳에서 약 6개월간 임시 전도사즉 평신도 설교자로 일한다. 그러나 4월 중순에 인근 탄광에서 가스가 폭발하여 520~610미터 지하에 212명의 광부가 갇히는 참사가 발생한다. 90명 정도만 구출된다. 고흐는 부상자들을 극진히 간호했다.박홍규, 『절망 속에서도 희망을: 노동자 화가 빈센트 반 고흐의 아나키 유토피아』에서 인용 보리나주는 훗날 에밀 졸라의 『제르미날』에서 언급되는 지역과 인접한 곳이기도 했고, 광산의 대폭발 등으로 노동자들의 희생이 잇따르던 지역 중의 한 곳이었다. 고흐는 평신도 설교자의 자격이 끝난 다음에도 2년 가까이 보리나주에 머물면서 광부들과 그 가족들의 삶과 연대한다. 그리고 1880년 8월 자신이 화가임을 선언한다. "빈센트가 그림을 그리게 된 가장 강한 동기는 광부들의 처지에 대한 일체감이었다."박홍규 옮김, 『세상에서 가장 아름다운 편지: 빈센트 반 고흐 편지 선집』, 89쪽. 그 이후 그린 작품 중 잘 알려진 것이 「감자를 먹는 사람들」1885이다.

고흐가 그린 첫 대형 인물화다. 고흐는 제작 동기를 다음과 같이 설명한다. "나는 램프의 불빛 아래에서 감자를 먹고 있는 이 사람들이 접시의 감자를 먹는 그 손으로 대지를 팠다는 점을

보여주려 했어. 따라서 그 그림은 손 노동을 보여주는 것이고, 그들은 자신들이 양식을 정직하게 얻었음을 보여주는 것이지… 농민화에 향수 냄새가 나서는 안돼"테오에게 보낸 편지 중에서. 1885년 4월 30일경 그림의 가족들 중 왼쪽에서 두 번째는 '호르디나 더 흐로트'이다. 그녀는 고흐의 모델이 되어주기도 했다. 다른 나라의 언어 발음은 어렵다. 네덜란드 말은 더욱더… 그래서 '호흐'였던 '고흐'도 그림 사인에는 '빈센트'라 기입한다. 이 그림 역시 광부 가족을 그린 것이다. 처음에 이 그림은 '위로' 받지 못한다. 예컨대 친구였던 화가 안톤 반 라파드Anton van Rappard가 그림을 비판하는 편지를 보내오자 격분한 빈센트는 그날로 그 편지를 돌려보내고 그와의 우정을 끝내버린다.Kay Na 선생님이 알려준 내용이다.

고흐는 동정심에서 이 그림을 그렸던 것일까? 전혀 아닐 것이다. 고흐의 성정상 그럴 순 없다. 밀란 쿤데라는 『참을 수 없는 존재의 가벼움』에서 라틴어에서 파생한 동

정compassion이라는 단어는 접두사 '콤com-'과 '고통'을 의미하는 어간 '파시오passio'로 구성된다면서, "동정이라는 단어는 타

인의 고통을 차마 차가운 심장으로 바라볼 수 없다는 것을 뜻하며 고통스러워하는 이와 공감하는 뜻이며, 나아가 '연민pity' 역시 고통받는 존재에 대한 일종의 관용을 암시한다"고 말한다. 한편 이 그림은 고흐의 아버지가 목사로 재직했던 네덜란드의 누에넌 공원에 조각으로 설치되어 기념되고 있다. 네덜란드 조각가 페터 나헐케르커Peter Nagelkerke의 작품이다. 왼쪽의 사진은 예술작품들에 각별한 애정을 지닌, Kay Na 선생님이 직접 가서 찍은 것2023년 10월 29일을 허락받고 소개한다.

누에넌은 고흐가 네덜란드에서 마지막으로 머물렀던 곳이기도 하다. 개신교 목회자였던 아버지와의 불화는 잘 알려져 있다. 아버지의 죽음1885년으로 남겨진 유품조차 고흐에게는 전해지지 않았다. 유품 중에서도 가장 귀중했을 아버지의 성서조차 동생 테오에게 전달된다. 그러나 고흐는 아버지가 남긴 성서를 소재로 그림 한 점을 그린다. 「성서가 있는 정물」1885이 그것이다. 누에넌에서 하루 만에 그린 것이다. 성서의 오른쪽 아래에

는 에밀 졸라의 『삶의 기쁨』1885이 놓여 있다. 생전의 아버지는 무신론자였던 졸라의 작품들을 매우 싫어했다. 신앙심에 전혀 도움이 되지 않는 책이라고 폄하했고, 아들에게도 멀리하라고 말했다. 그러나 독서광이기도 했던 고흐는 아버지의 말을 듣지 않았다. 아버지와의 이런저런 다툼이 겹치면서 고흐는 가족들과 함께 지내던 목사관에서 나오게 된다. 1881년의 일이다. 이후에도 그는 졸라의 책을 계속 읽었다. 예컨대 동생 테오에게 보낸 편지1885년 5월 28일에서 다음과 같이 말하기도 한다. "방금 『제르미날』을 받아서 바로 읽기 시작했어. 50쪽을 읽었는데 정말 눈부신 작품이라 생각해." 앞의 그림에서 성서의 펼쳐진 부분은 『이사야서』 53장이다.

"그는 사람들에게 멸시받고, 버림받으며, 고통을 많이 겪었노라" 라는 내용이 담겨 있는 장이다. 어떤 사람들은 이 그림을 두고 여전히 아버지성서와 아들책 간의 소리 없는 다툼일 수 있다는 말을 하기도 한다. 그러나 나는 오히려 아버지와 아들의 화해이자 뒤늦은 껴안음이라 생각한다. 세상의 아버지들은 자식들의 마음속에서 죽지 않기 때문이다. 시집 『내가 홍범도다』2023로 더 많은 사람들이 알게 된 이동순 시인이 1999년에 발표한 '아버님의 일기장'이라는 시가 있다. 옮겨본다. "아버님 돌아가신 후/ 남기신 일기장 한 권을 들고 왔다/ 모년 모일 '終日 本

家'/ '종일 본가'가/ 하루 온종일 집에만 계셨다는 이야기다/ 이 '종일 본가'가/ 전체의 팔 할이 훨씬 넘는 일기장을 뒤적이며/ 해 저문 저녁/ 침침한 눈으로 돋보기를 끼시고/ 그날도 어제처럼/ '종일 본가' 쓰셨을/ 아버님의 고독한 노년을 생각한다/ 나는 오늘/ 일부러 '종일 본가'를 해보며/ 일기장의 빈칸에 이런 글귀를 채워 넣던/ 아버님의 그 말할 수 없이 적적했던 심정을/ 혼자 곰곰이 헤아려보는 것이다" 고흐의 「성서가 있는 정물」을 시로 풀어놓으면 이와 같을 것이다. 위로는 받기도 하고 주기도 하는 것이다. 고흐는 그림을 통해 위로하고 위로받았을 것이다.

이 그림을 그리고 난 후 고흐는 누에넨을 떠나 벨기에의 안트베르펜에 3개월 정도 머물다가 파리로 간다. 특히 안트베르펜에서는 그림 인생의 전환점을 맞이한다. 17세기 바로크 미술의 대가였던 루벤스의 작품들과 일본에서 건너온 목판화 우키요에浮世繪와의 만남이 그것이다. 1887년 3월에는 파리의 '카페 탕부랭'에서 자신의 우키요에 소장품들을 전시할 정도였다.우정아, 『명작, 역사를 만나다』 중에서. 즉 색채에 눈을 뜨게 된 것이다.사이먼 샤마의 평가이다. 루벤스의 명암과 우키요에의 고전적인 아카데미 풍으로부터 탈피한 소재의 분방함 등은 그의 작품들이 밝은 색채로 바뀌는 계기가 된다. 실제로 고흐는 색채 공부에 매진하기도 했다. 괴테의 『색채론』뿐만 아니라, 1839년 프랑스의 고블

랭 염직공장 소장이었던 슈브뢸이 발견한 색의 대비는 화가들의 작업과 전시 방식을 뒤흔들어 놓고 있었다. 고흐를 비롯한 인상파의 젊은 화가들이 탕기Tanguy 영감의 화방에서 색채를 두고 열띤 토론을 벌이는 장면들이 목격되기도 했다. 실제로도 탕기 영감의 가게는 인상주의와 후기 인상주의의 그림을 주위에 알리는 역할을 하기도 했고, 고흐는 탕기 영감을 모델로 석 점을 그리기도 했다.이명옥·정갑영, 『명화 경제 토크』를 참조 그리고 탕기 영감은 고흐의 해바라기 연작을 소장하고픈 집착에 빠져 있기도 했다.나탈리 에니히, 『반 고흐 효과』 중에서

　그러나 고흐의 새로운 작업에는 경제적 뒷받침이 필요했다. 더 많은 물감과 그림 관련 비용, 그리고 거주비 등의 문제가 산적해 있었다. 그의 마지막 5년간을 집중적으로 괴롭혔던 문제였다. 거기에 더해 병까지 덮친다. 물론 파리 생활 이전에도 그의 유화 작품들은 있었지만, 폭풍우 치듯 몰아치는 그의 두터운 붓질과는 거리가 먼 것들이었다. 고흐의 경제적 어려움은 여타의 인상파 화가들의 그것과 견줄 때 매우 열악했던 것은 사실이다. 그러나 고흐에게 무한의 사랑과 함께 생계를 거의 책임졌던 동생 테오는 형에게 다음과 같은 편지를 쓰기도 했다. '형은 자기만족을 위한 방탕과 방종의 결합'을 위한 낭비가 너무 심하다고.. 그러나 고흐는 동생을 자신의 그림을 팔아주는 사업 파트너 정

도로 생각하면서, 동생이 주는 생활비를 "내가 벌어들인 돈으로 여기겠다"라고도 말한다. 그러나 그의 그림 판매는 여전히 거의 전무한 상태였다.

그럼에도 불구하고 끊임없이 솟구치는 색채의 비전과 누구도 따를 수 없었던 다작, 미술 공동체 실현을 위한 비용 등이 끊임없이 그를 괴롭혔다. 아를Arles에서 지낸 약 15개월 동안 고흐는 200여 점의 그림을 남긴다. 그리고 고갱과의 공동생활약 9주간도 나름대로 생산적인 결과들을 낳았다. 이 두 사람은 서로를 격려하거나 질시, 그리고 준열한 그림 평가와 비판과 비난을 넘나드는 상호 지적 등을 하면서도 약 40여 점의 작품을 남긴다. 그러나 고갱이 떠나고, 동생 테오의 결혼 예정 등 상황이 급격히 바뀌면서, 고흐는 또다시 절대적인 고독과 아픔의 나락에 떨어지고 만다. 이러한 상황들은 극단적인 일로 이어지고, 가족력으로도 알려진 병으로 입원을 거듭한다. 그러나 이 상황에서도 그림을 그리워하는 열정은 결코 식지 않는다. 그의 고독과 외로움을 승화시키는 것은 오직 그림밖에 없었다.

그리고 상황의 악화를 고갱이나 동생에게 돌리지도 않았다. 영국 드라마 「엘로우 하우스」에는 고갱을 떠나보낸 고흐의 독백이 흐른다. "유다… 입맞춤으로 예수를 배반한 자. 마음속에

칼을 숨기고 예수 곁에 있던 자. 그의 귀를 자를지니… 주께서 그의 귀를 만지시니… 그의 상처가 나았도다." 이 말처럼 결코 고갱을 탓하지 않는다. 자기의 허울만 돌아볼 뿐이다. 단지 고갱이 자신을 조금이라도 공감해 주길 바랐을 뿐이었다. 정여울은 『빈센트 나의 빈센트』에서 이렇게 말한다. "그가 고통 속에서 고갱에게 보여주고 싶던 것은 귀였다. 참혹하게 잘린 귀를 통해 '제발 내 말을 들어달라'고 절규하고 있던 것은 아닐까? 당신은 귀가 있어도 내 말을 듣지 못하니, 제발 마음의 귀를 열어 내 말을 들어달라고."

1985년에 발표된 양인자 작사, 김희갑 작곡, 그리고 조용필이 부른 '킬리만자로의 표범'에 다음과 같은 내용이 있다. "왜 그렇게 높은 곳까지 오르려 애쓰는지 묻지를 마라. 고독한 남자의 불타는 영혼을 아는 이 없으면 또 어떠리. 살아가는 일이 허전하고 등이 시릴 때 그것을 위안해 줄 아무것도 없는 보잘것없는 세상을. 그런 세상을 새삼스레 아름답게 보이게 하는 건 사랑 때문이라구. 사랑이 사람을 얼마나 고독하게 만드는지 모르고 하는 소리지. 사랑만큼 고독해진다는 걸 모르고 하는 소리지. 나보다 더 불행하게 살다 간 **고흐**란 사나이도 있었는데…" 그리고 고흐의 전기를 읽고 곡을 만든, 돈 맥클린Don Mclean의 「빈센트, Vincent」에는 이런 가사가 있다. "… 사람들은 들으려 하지 않았죠. 어떻게 듣는지도 몰랐죠. 아마도 지금은 귀 기울일 거예요."

한편 외국의 어느 기자는 아를의 고흐를 다음과 같이 표현하기도 했다. "그리스도는 에볼리Eboli에 머무셨습니다. 반 고흐는 아를에 머물렀지요…" 그 기자는 카를로 레비가 쓴 자전 소설 『그리스도는 에볼리에서 멈추었다』를 보고 고흐를 떠올렸나 보다.참고로 이 소설은 같은 제목으로 1979년 프란체스코 로시 감독에 의해 영화화되었다. 동생 테오의 결혼과 태어날 아기 등으로 자신에게 돌아올 경제적 지원이 줄어들 것을 염려한 것도 아주 잠깐이었다. 훗날의 조카를 위해 우리에게도 잘 알려진 「꽃 피는 아몬드 나무」 1890를 그려 보내기도 한다.

고흐는 평생을 걸어 다녔던 사람이다. 길가의 나무와 꽃들, 노동자와 농민들, 그리고 밤하늘을 직접 보고 듣고 느끼며 이를 화폭에 담았다. 이런 과정에서 그의 내면은 보다 풍성해졌고 이를 그림으로 드러내지 않을 수 없었다. 어느 날 노동사회교육원의 임영일 이사

장께서 톡으로 사진을 한 장 보내주셨다. 프랑스 조각가 오시프 자드킨Ossip Zadkine의 작품이었다. 화구를 메고 오늘도 어디론가 묵묵히 걸어가는 고흐의 모습이다. 오베르에 있는 관광 안내소 옆 마당에 있는 것이라고 한다. 피골은 상접하지만 눈빛은 형형하고 허리는 곧추세워져 있다. 화구들은 마치 무기와도 같다. 또 가고 싶다.전에도 가고 싶었다.

고흐를 미술사에서는 후기 인상주의로 소개하는 경우들이 많지만, 나는 현대 표현주의의 첫 출발에 큰 족적을 남긴 화가로 생각하고 싶다. 다카시나 슈지는 『명화를 보는 눈』에서 인상주의와 표현주의의 차이점을 다음과 같이 말한다. "인상파 화가들에게, 자연은 시시각각 보이는 변화를 보이는 붙잡기 어려운 존재이기는 해도 그들의 작품들은 불안을 느끼게 하지는 않았다. 그러나 인상파의 바로 뒤를 이어 등장한 세대고흐, 고갱 등는 다른 세계를 추구했다. 인간의 내부… 세기말의 예술가들이 바라본 인간의 내부는 결코 인상파의 세계와 같이 밝게 빛나는 것이 아니라 오히려 바닥을 알 수 없는 두려움을 간직한 밤의 어둠의 세계였다." 이를 나 나름의 말로 바꾸면 이렇게 된다. '인상'을 영어로 말하면 임프레션impression이다. 접두어 '임im-'은 바깥에서 나에게 다가오는 이미지를 갖는다. 수입이라는 단어 임포트im-port를 떠올리면 된다. 인상파를 외광파外光派, Pleinairisme라

고도 부르는 이유다. 영화 <나의 위대한 친구, 세잔>에서 세잔
이 졸라에게 말하는 내용이 '인상'을 가장 잘 표현한다. "외광은
밖으로 나가자는 거야. 감각과 감정을 표현하자고, 젠장! 햇빛도
안 드는 화실에서 꾸며내는 그림은 질렸어. 꽃엔 향기가, 몸엔
성기가, 나무엔 바람이 있게! 그게 외광이야!"

　반면 '표현'은 익스프레션expression이다. 접두어 '익스ex-'의
뉘앙스는 안에서 밖으로 향한다. 수출이라는 단어, 엑스포트ex-
port를 생각해보면 좋다. 왜 '표현주의'라고 하는지 단어에 이미
내포되어 있다. 고흐는 자신의 내면을 밖으로 표출하여 맹렬하
게 화폭에 담았다. 미친 듯이… 이러한 작풍은 「별이 빛나는 밤
에」 등에서 극명하게 나타난다. 나는 이 작품을 고흐의 처절했
지만 아름다운 내면을 '표현'한 것이라고 생각한다. 고독을 승화
시켜 우리들에게 위로를 건네고 있는 것이다.

　파리 북부에 있는 고흐의 마지막 안식처, 오베르에서 고흐는
동생에게 임종 직전 이렇게 말한다. "… 이제 집으로 가고 싶은
데…" 그리고 고갱의 회고에 따르면, 평소에 다음과 같은 말도
자주 했다고 한다. "돌은 부서지고, 말은 남는다…" 피카소의 회
고처럼, '그의 모험은 철저히 고독하고 비극적'이었지만, 그의
고독solitary은 외톨이처럼 혼자alone 있게 만드는 것이 아니라,

연대solidarity하게 만든다. 위로consolation는 차별해서 홀로 두는 것isolation을 싫어하므로 함께con 하는 것이다. 정여울은 헤세를 일컬어 '상처 입은 치유자wounded healer'라고 했지만, 고흐에게도 적합하다. 그는 '슬퍼하는 사람은 위로를 받을 것이다'라는 믿음으로 힘을 모아 승리하기를 권유한다. 그의 이름 빈센트승리처럼…

고흐가 우리들에게 건네는 위로나 위안의 내용은 그와 관련된 각종의 통계로도 짐작할 수 있다. 나탈리 에니히는 『반 고흐 효과』에서, 1948-1990년까지 반 고흐 관련 극영화는 82편이라고 집계한다. 그러나 이후 나온 것들까지 포함하면 훨씬 많을 것이다. <러빙 빈센트>, <영원의 문에서>, <말로 그린 그림>, <닥터 후: 고흐 에피소드> 등이 추가될 것이다. 그리고 국내만 하더라도 고흐 관련 도서는 400종이 넘는다. 그의 그림과 스케치는 현재 남극을 제외하고 모든 대륙의 미술관에서 관람이 가능하다. 그러나 미술관은 아닐지라도 남극의 세종기지에서 일하는 대원들의 방에도 고흐의 그림이 걸려있을 것이다.

끝으로 고흐의 편지 중에서:

"자본을 거의 가지지 못한 개인의
노력이 결국 미래의 씨앗이
될지 모른다."

문종필

2017년 계간 『시작』에 「멈출 수 없는 싸움」으로 문학평론을 시작했고, 한국만화
영상진흥원에서 주최하는 대한민국 만화평론 공모전 수상집에 「그래픽 노블의
역습」(2021), 「좋은 곳」(2022), 「무제」(2023)를 발표하면서 만화평론을 시작했
다. 문학평론집 『싸움』(2022)이 있다. 이 평론집으로 2023년 5회 '준비 문화 다
평론상'을 수상했다.

위로를 받는
세 가지 방법

위로

위로받는 법은 세대마다, 나이마다, 시기마다 다른 것 같다. 위로의 순간을 떠올려 보면 '위로'라는 것도 결국은 내가 어떤 위치와 시공간에 놓여있는지에 따라 달라진다고 생각한다. 그래서 당연히 '위로'에 대한 나의 답변은 지금 내가 딛고 있는 순간에 관해 쓸 수밖에 없겠다. 멋있게, 멋지게, 쓸 수도 있지만, 이 방법이 아마도 첨단이라는 생각이 든다. 아니다. 멋있게, 멋지게, 쓰는 것도 요즘은 그 사람의 실력이라는 생각이 든다. 아무튼, 며칠 전에 철학자 한병철의 『서사의 위기』2023를 읽었다. 이 책이 지난 9월에 출간되었고 이 글이 10월에 작성되고 있으니 정말로 신간 중의 하나이겠다. 그는 이 텍스트에서 여러 이야기를 했지만, 동시대에는 이야기가 넘친다는 것을 문제 삼았다. 이야기가 넘치는 것은 상관없지만 이야기가 아닌 '진정한' 이야기를 찾을 수 없다는 점에 불만을 적어 놓았다. 우리는 이처럼 이야기 없는 시대에 지금 살고 있으니, 이곳에서 새로운 이야기를 불어넣을 수 있는 '무엇'인가가 필요하다는 말로 한병철의 책은 끝이 난다. 여기서 '무엇'은 진정한 이야기를 쓸 수 있는 존재의 등장이다.

그렇다면 이런 잣대를 자연스럽게 만화나 웹툰에 겨냥할 수 있겠다. 그리고 이 잣대로 만화 판을 진단하는 것도 나쁘지 않겠다. 그러나 이 작업은 사실상 쉽지 않다. 동시대에 쏟아지는 만화와 웹툰을 객관적이고 논리적인 방식으로 진단하는 것 자체가 객관적이지 않을 수 있다. 이유는 정말로 많은 작품이 생산되고 있으니 그렇다. 매일매일 새롭게 새로운 작품이 올라오고 쏟아진다. 더불어 종이책으로도 만화가 매달 출간되고 있으니, AI가 아닌 이상 모든 작품을 선별해 읽을 수 없는 것이 현실이다. 그러니 동시대의 평론가는 곤혹스럽다. 그래서 만화와 관련된 여러 그룹이나 협회가 범위를 나누어 읽거나, 누군가는 웹툰과 관련된 매체를 운영하면서 동태를 파악하거나, 이달의 선정 도서를 선정해 공동작업을 이어 나가는지 모른다. 부끄럽지만 읽는 직업을 가진 사람으로서 이런 현실을 고백하는 것이 최선의 양심이기도 하겠다. 따라서 이 글 또한 내가 위로받고 가슴 설렜던 나의 만화를 이야기하는 것으로 방향을 잡아야겠다. 어쩌면 이 방식만이 만화와 웹툰에 대해 시원하게 논하는 유일한 방법일지도 모른다.

스피노자는 자신의 책 『윤리학』 3부에서 '슬픔은 더 커다란 완전성에서 더 작은 완전성으로서의 인간의 이행'이라고 적은 바 있다. 여기서 중요한 것은 '이행' 자체다. 스피노자에 의하면 '슬픔'이라는 감정은 인간의 마음을 쭈그러지게 한다. 감정이 이렇게 이동하기 때문에, 우리는 슬픔을 다스릴 필요가 있다. 그렇다고 해서 슬픔 자체를 밀어낼 필요는 없다. 살다 보면 슬픔이야말로 큰 힘이 되기도 하니 그렇다. 어떻게 좋은 감정만을 품고 살아가겠는가. 그럴 때 오히려 인간은 소멸한다. 어쨌든 '위로'라는 단어를 인터넷 사전으로 찾아보면 "남의 괴로움이나 슬픔을 달래 주려고 따뜻한 말이나 행동을"[1] 베푸는 것이라고 적혀있다. 그래서 이 글에서 소개할 것은 만화와 웹툰이 독자들에게 어떤 방식으로 괴로움이나 슬픔을 달래 주는지 생각해 보려고 한다. 슬픔을 달래는 방식에도 등급을 정할 수도 있지만, 개인적으로는 덜 좋은 작품의 경우 사람들에게 서서히 잊힌다고 생각하기 때문에 굳이 평가할 필요는 없겠다. 자연의 순리이니까.

---

1 다음 검색

그리고 비평가에게 평가는 중요한 덕목이지만, 위로를 이야기하는 자리에서 평가는 무엇인가 어울리지 않는다. 따라서 취향의 영역에서 위로의 순간을 논해야 할 듯하다.

천안

어제 저녁에는 어느 한 만화가의 부고 소식을 듣고 천안으로 향했다. 개인적으로 많이 도와주었던 분이어서 부고 소식을 듣자마자 인천에서 영등포로 올라가 다시 천안행 열차에 몸을 싣고 장례식장으로 향했다. 그곳에서 여러 생각이 들었는데 대부분의 사람들이 그렇겠지만 '죽음'에 대해 생각했다. 죽음과 관련해 늙는다는 것이 무엇인지 헤아리게 되었다. 이런 생각을 하다가 예전에 읽은 HUN과 지민의 공동작품 『나빌레라』가 떠올랐다. 이 작품은 치매를 판정받은 덕출이 모든 기억을 잃기 전에 정말로 하고 싶었던 일에 도전하는 서사를 품고 있다. 먹고 사는 문제로 감히 엄두를 내지 못했던 발레를 뒤늦게 배워 꿈을 이뤄보자는 것이 핵심 내용이다. 상식적으로 생각해도 나이 먹은 노인이 발레를 배운다는 설정 자체는 불가능하다. 하지만 만화는 이런 불가능 자체가 가능하다고 말한다. 그리고 이 과정을 드라마틱하게 담아 놓았다. 만화에 대한 편견이 여전히 강력하게 작동한다는 점에서 일부의 사람들은 이런 내용과 연출이 덜 감동적이라고 말할 수 있겠다. 하지만 직접 텍스트를 읽어본 독자라면 '드라마틱'이라는 말에 어렵지 않게 수긍할 수 있을 것이다. 그만큼 이 작품은 매력적이다. 그렇다면 『나빌레라』에서 손꼽는 명장면은 무엇일까. 여러 장면이 있겠으나, 나의 경우 마지막 장면이 가장 가슴에 와닿았다.

'발레'라는 단어조차 치매로 잃어버린 덕출이 발끝을 살짝 들어 올려 발레의 기본동작을 의식하지 못한 채 재현하는 장면이 그것이다. 이러한 행동은 덕출이 의식해서 한 것이 아니라 몸이 기억하는 감각의 재현이다. 그래서 독자들에게 여러 감동을 선

사한다. 그중 하나가 덕출의 열정이 진심이라는 것을 전달하는 것일 테다. 이런 서사가 펼쳐지는 과정에서 세계 최고의 발레리노인 '김현'이 늦은 나이에 덕출이 발레를 한다는 사실을 알아차리고, '취미'로 하는 것이 아니냐는 말실수를 하게 되는데, 이때 덕출을 돌보고 있던 채록은 "취미로 하는 건 아니에요! 남은 인생 전부 다 걸고 하고 계신 거예요."[2]라고 따진다. 그렇다. 이 작품은 모든 것을 걸고 싸우는 죽음의 행진곡인 것이다. 이 장면은 모두가 다 불가능하다고 말하는 분위기 속에서 자신의 꿈을 포기하지 않았던 마음에 대한 경외감이 담겨 있다. 그 누가 이 장면을 보고 덕출을 비난할 수 있겠는가. 그러니 이 작품을 읽고 점점 시들어 가는 존재들은 어떤 방식이든지 힘을 내게 된다. 늙은 사람은 늙은 사람대로 인물에 감정이입을 할 수 있고, 젊은 친구들은 어르신도 이렇게 자신의 꿈을 향해 달려가는데, 포기하면 안 된다고 마음을 다잡는다. 나 또한 마찬가지다. 몸이 예전 같지 않다. 몸을 잘 돌보지 못한 개인적인 책임이 가장 크겠지만, 어떤 방식이든지 새롭게 의미를 찾을 필요가 있겠다. 의미 찾기가 강박의 한 형태일 수 있으나, 꿈을 향해 달려가는 방법에 대해 조금은 새롭게 생각할 필요가 있겠다. 나는 이렇게 HUN과 지민이 함께 그린 『나빌레라』를 보며 위로를 받았다. 쉽지 않

---

2 HUN·지민, 『나빌레라』, 위즈덤하우스, 2017, 82쪽.

겠지만 만화를 보면서 잘 늙을 수 있다는 생각을 한 것이다.

영양

아주 오래전 일이다. 대학원 석사 시절 그러니까 28살 때, 『녹색 평론』에 소개된 시골학교 선생님 모집 공고 문구를 보고 경상북도 영양군 수비면에서 몇 달간 지냈다. 그때는 젊었고 패기도 있었기 때문에 시스템이 잘 구축되지 않은 학교였지만, 무엇인가 모든 것이 즐겁고 의미 있는 시간을 보냈던 것으로 기억한다. 하지만 학교생활보다도 그곳에서 택배 일을 몇 번 해봤던 것이 더 생생하게 기억에 남는다. 물론, 정식 직원은 아니었지만, 그곳에서 만난 지인 덕분에 일을 도와주면서 택배 일을 경험할 수 있었다. 그때 당시 몸도 마음도 튼튼한 아저씨들이 내게 무슨 일을 하냐 물었고, 나는 국문과 출신으로 글 쓰는 사람이라고 소개했다. 그러면 아저씨들은 빙그레 웃으면 언젠가 내 이야기를 써달라고 말했다. 시간이 흘러 나는 평론가가 되어서 종종 그때 만났던 아저씨들에 대해 무의식적인 형태로 글은 썼지만, 전면적으로 쓰지 못했다. 평론가는 결국, 자신의 이야기보다는 청탁으로 타인이나 타자의 글을 읽는 사람이니 그렇다. 물론, 타자의 글을 읽는다고 했을 때, 전적으로 타자라고 보기는 힘들다. 정확히 말해 평론가들은 타자를 통해서 자신의 이야기를 짓는 존재라는 표현이 보다 정확하다. 그래서 아저씨들의 이야기를 오랜 시간 가슴에 품고 있었다. 그러다 어느 날 만화가 이종철의 『까대기』를 우연히 읽게 되었다. '택배 상자 하나에 얽힌 수많은 이야기'라는 부제가 붙은 이 만화를 읽고 그때 내가 하지 못했던 이야기를 이종철의 『까대기』가 정말로 잘 표현해 주고 있다는 생각이 들었다. 무엇보다도 가장 뭉클했던 장면은 만화가 이종철이 작가 지망생이라는 사실을 숨기고 있다가 어느 날 택배 상하차 아저씨에게 고백하는 순간이다. 우리는 만화가가 자신의 직업을 숨겨야 했던 이유를 짐작할 수 있다. 그곳은 그런 곳이니 그렇다. 하지만 만화가가 자신의 꿈과 하고 싶은 일에 대해 거짓 없이 동료에게 고백하는 장면은 온전한 관계의 시작을 알리는 것 같아 짠하면서도 아름다운 장면이라는 생각이 들었다.

아저씨는 함께 일하는 예비 만화가의 꿈을 듣고는 **"쉽지 않은 길을 택했구만. 배도 고플 텐데…. 그래도 하고 싶은 일이 있다는 건 좋은 거야. 죽이 되든 밥이 되든 한번 해봐. 나중에 이 아저씨 이야기도 만화로 그려 줘"**[3]라는 말을 하게 된다. 꿈을 꾸는 것이 의미 있다는 말과 자신의 이야기도 그려달라는 말이 서글프게 들리는 것은 아저씨의 삶 자체가 꿈을 이루지 못했다는 것을 알려주는 동시에, 어떤 방식이든 꿈을 꾸며 열심히 살아온 자신을 기억해 달라는 간절한 마음으로 읽혔기 때문이다. 사람은 누구나 죽는다. 죽으면 먼지처럼 소멸된다. 이 시간이 누군가에게는 이른 시간에 찾아올 수 있고, 누군가에게는 조금은 늦게 찾아올 수도 있다. 그러니 우리는 어떤 방식이든지 자신의 존재를 누군가가 기억해 달라고 간절히 바라는지 모른다. 내 글이 조금은 엉뚱할 수도 있지만, 이종철의 여러 사연과 이야기 중, 나는 이 부분이 지금 현재 가장 아끼는 위로의 순간이다.

서울

서울로 향한다. 인천에 살고 있지만 서울로 향하는 이유는 친구

---

3 이종철, 『까대기』, 보리, 2019, 168~169쪽.

를 만나기 위한 것일 수도 있지만, 그보다 더 근본적인 이유는 책을 구경하기 위해서다. 영풍문고와 종로서적 교보문고 알라딘 등 종로에는 여러 대형 서점이 위치에 있으니 따뜻한 신간을 물질의 형태로 만져보기 위해 자주 움직인다. 그러다 우연히 수작을 찾기도 한다. 초록뱀이라는 필명으로 작품 활동을 하는 만화가의 『그림을 그리는 일』은 그렇게 찾은 책 중 하나다. 2020년에 출간되었으니 내가 본격적으로 만화평론을 시작하기 전에 읽은 것이다. 그 당시에는 만화계의 흐름이라든지 경향 자체에 대해서 알지 못했던 터라, 서점에 들러 그래픽 노블Graphic Novel이나 책으로 출간된 의미 있는 웹툰을 찾아보며 만화에 동화되던 시절이었다. 이 작품은 한마디로 말해, 공대생이 미대로 전과해 그림을 그리며 만화가의 꿈을 찾아가는 여정을 담았다. 작가 탄생 서사가 담겨 있는 의미 있는 작품이다. 내가 이 작품을 아낄 수밖에 없었던 것은 꿈을 이룬다는 내용이 진부하기는 하지만, 그 이야기가 꾸며낸 이야기가 아니라는 점이다. 적어도 만화가 초록뱀은 자기 경험을 바탕으로 나의 이야기를 쓰는 작가였다. 그래서 신뢰가 갔고, 소중하게 품었다.

　무엇보다도 공감과 위로를 받았던 장면은 주인공이 자기 자신을 찾아가는 순간을 처음부터 끝까지 솔직 담백하게 담아냈다는 점이다. 그림 작업에 대해 이야기 나누던 중 **"보는 것만으로도 충분히 즐거운데 네가 그리려는 이유가 뭐냐"**[4]라는 선배의 물음에 초록뱀은 머뭇거린다. 다시 말해 주인공은 그림 그리는 일을 좋아했을 뿐이지, 자신이 무엇을 그리고 싶어 했었는지는 생각해보지 못했다. 좀 더 구체적으로 말해 창작자로서 자신이 하고 싶은 말이 있는 사람인지, 하고 싶은 말이 없는 사람인

4　초록뱀, 『그림을 그리는 일』, 창비, 2020, 260쪽.

지, 조차도 알지 못했다. 창작에 있어서 가장 중요한 요소는 창작의 요령이나 기술보다는 내가 하고 싶은 말이 있는 사람인지 없는 사람인지 따져 묻는 것이다. 아무리 기술이 좋고 형식을 잘 다루어도 정작, 하고 싶은 말이 없는 사람은 양질의 이야기를 써낼 수 없다. 나를 표현한다는 것은 내 안에 묻은 오염되고 감염된 사회적 흔적을 능동적으로 표현하는 것이기 때문이다. 그래서 글쓰기나 그림 그리는 일과 같은 예술 행위에서 '진정성'이 굉장히 중요한 요소로 작동하는 것이다.

나 또한 평론가로서 많은 이야기를 쏟아냈다. 운이 좋아서 문학상도 받고, 만화 평론상도 3회 연속 수상하며 열심히 활동하며 살아가고 있는 듯하지만, 벽에 부딪힐 수밖에 없는 것은 지금 내게 하고 싶은 말이 있느냐 없느냐이다. 나아가 하고 싶은 말이 있지만, 이 감정을 평론의 언어로 담아낼 수 있느냐 없느냐가 관건이다. 어쩌면 평론이 아닌, 에세이의 방식일 수도 있겠지만 언어로 표현하는 그릇에 대해 생각해야 하는 시기인 것은 분명하다. 이런 고민을 하던 찰나에 초록뱀의 텍스트를 다시 읽으며 위로받는다. 다시 처음으로 돌아가 '나' 자신에게 질문하게 된다.

앞에서도 말했지만, 만화에 대한 편견이 여전하다. 예전에 문학을 전공하는 친구들이 영화나 만화가 무슨 예술이냐며 핀잔을 주었던 기억이 난다. 그러나 내 생각은 다르다. 그렇다면 역으로 과연 반지성주의 시대에 지성적인 문학이 있느냐고 질문할 수 있겠다. 며칠 전 어느 동료와 세미나를 한 후, 걸어가던 중에 과거에는 문학하는 사람들 대부분이 엘리트였지만, 지금은 그렇지 않다고 말한 것이 떠오른다. 과거에는 '나'를 표현하는 수단이 문학으로 한정되었다면 요즘은 게임, 웹소설, 웹툰, 영화, 드라마 등 다양한 통로가 있다는 사실도 떠오른다. 그러니 문학만이 최고라고 말하는 것은 이제 어폐가 있다. 이 말보다는 언어예술만이 할 수 있는 것에 대해 진지하게 고민해야 할 때다. 이렇게 말하는 것이 더 공평한 것인지 모르겠다. 여하튼 나는 현재 만화를 읽고 쓰면서 위로받는다. 때론 꿈꾸며 주변 사람에게 조금은 더 살갑게 다가가기 위해 노력한다. 이런 이유 하나만으로도 만화의 가능성을 함께 즐길 수 있지 않을까.

엄상준

KNN PD로 저서 『음악 좋아하세요』 등이 있다. 음악과 영화, 철학과 사회학을
공부하며 글 쓰고 강의하며 바닷가를 달린다.

클래식
음악은
위로인가?

"음악이 내게 의미하는 것을 전부 말하기는 불가능하다."

- 비트겐슈타인

베토벤 현악의 후기 현악사중주를 듣는다. 그의 후기 현악사중주 여섯 작품은 베토벤의 모든 작품 가운데서 최고의 평가를 받는 걸작들이다. 동시대의 음악적 형식과 내용적 자기 성찰을 통합하였음은 물론이고 당대의 보편적 미학을 넘어서는 일종의 사건이었다. T.W 아도르노T.W.Adorno가 말한 "시대와의 비타협과 그 이후의 초월"을 보여주는 베토벤의 "말년성lateness"의 증거가 될 만한 작품들이다. 1825년 베토벤은 병상에서 돌아온 지 얼마 지나지 않아 <현악 4중주 15번 가단조 작품132>를 작곡하게 된다. 그는 곡의 3악장에 짧은 메모를 남긴다. "건강을 회복한 자가 신에게 감사하는 신성한 노래. 리디어 선법에 의한" 흔히 '성스러운 감사의 노래Heiliger Dankgesang'라고 알려진 악장이다. 약 20분가량 연주되는 느린 곡으로 많은 클래식 애호가들은 이 악장에서 깊은 위로를 받는다. 청각장애가 있던 베토벤이 열병의 경험과 회복의 과정에서 길어 올린 상상의 창작물이 현대인들에게 위로의 해열제가 되는 것이다.

하나의 질문이 떠오른다. 클래식 음악은 위로와 치유를 위한 것일까? 물론 그렇지는 않다. 세상의 모든 것들은 위로의 대상이 될 수 있다. 반려견, 애착 인형, 추억의 사진 한 장. 하지만 클래식 음악이 위로라는 용어를 빈번히 활용하고 있는 것은 사실이다. 한편으로는 클래식 음악에만 이런 혐의를 씌울 수는 없다는 생각도 든다. 서점에 나가보면 인문학, 예술, 글쓰기, 취미 서적들에 위로와 치유의 홍보 문구가 붙어있다. '위로의 인문학', '나를 위로하는 글쓰기', '나를 치유하는 요가' 등등. 하지만 장르의 역사와 진정성 담론을 결합한 위로의 원조는 클래식 음악이다. 감정에 직접적으로 호소한다는 음악의 강력한 직관성이 한몫한다.

＊

음악이 인간에게 끼친 영향을 위로라는 범주에만 넣을 수는 없다. 신경과학자이자 음악 프로듀서인 다니엘 J 레비틴Daniel J. Levitin은 원시음악부터 현대 대중음악까지 음악이 인류 진화에 미친 효과를 검토한다. 그는 음악을 이용할 줄 알았던 '호모 무지쿠스Homo Musicus'가 진화와 적응에 성공할 수 있었다고 말한다. 원시공동체에서는 북소리 같은 음악적 커뮤니케이션 수단을 통해 적의 침입을 빨리 알아챌 수 있었다. 수렵, 채취 과정에서도 북이나 피리 등 음악적 도구들을 통해서 다른 무리보다 유리한 위치에서 사냥에 성공할 수 있었다. 60-70년대 서양 대중음악의 중심이었던 록 음악의 성적 요소는 짝을 찾는데 유리한 전략의 현대적 승화라는 추론도 가능하다. 레비틴은 음악이 인류에 미친 영향을 "우정, 기쁨, 위로, 지식, 종교의 노래"라는 구분을 통해 설명한다. 음악은 공동체 내부의 결속을 단단하게 하고 개인이 받는 사회적 압력을 낮춰주는 방향으로 진화에 유리하게 작동했다. 인류가 가지고 있는 공통된 음악 체험 중 위로의 예로 그는 자장가를 든다. 여기서 흥미로운 점이 하나 있다. 위로의 음악이라고 하는 것이 대개 느리고 슬픈 음악이라는 것이다. 자장가 역시 느리고 서정적인 음악이다. 180rpm의 댄스음악을 들으며 위로를 받는다는 이는 별로 없다. 그 경우는 기분전환이라는 단어가 더 적절하다. 레비틴은 사람들이 슬픔과 우울로 고통받을 때 주변으로부터 단절된 느낌을 받는다고 한다. 동시에 자신의 감정을 타인에게 이해받지 못한다고 느낀다. 행복한 노래들은 이 단계에서 오히려 화를 불러일으킨다. 반면 슬픈 노래는 나만 홀로 외롭지 않다는 것, 다른 누군가도 슬픔을 겪었다는 동병상련의 공감을 준다. 그리고 노래를 통해서 슬픔의 시간도 지나가고 승화하게 될 것이라는 영감도 얻게 된다. 실연의 아픔을 겪고 있는 이들이 밝은 노래보다 슬픈 가요 발라드를 찾아 듣는지 이해하는 데 힌트를 준다. 여기에는 느리고 서글픈 음악 자체의 효과도 있지만 가사의 영향력이 중요하다. 예를 들어 슈베르트가 빌헬름 뮐러의 시에 곡을 붙인 연가곡 <겨울 나그네 D911>이 그런 음악이다. 뮐러의 시는 슈베르트의 탁월한 음악적 표현을 만나서 더 오래도록 남게 된다. 사랑을 잃고 영원히 방랑자로 세상을 살아갈 것이라는 젊은 주인공은 비슷한 경험을 겪은 이들에게 동병상련의 위안을 주었음을 더 설명할 필요는 없을 듯하다. "이방인으로 왔다가 다시 이방인으로 떠난다/5월은 내게 친절했다/…중략…/ 이제 세상은 슬픔으로 가득 차고 길은 흰 눈으로 덮였다." 슈베르트, 가곡 <겨울나그네> 중 '안녕히'

여기서 다시 하나의 의문이 떠오른다. 팝 음악이나 가곡, 오페라처럼 가사가 있는 노래들은 슬픔과 위로의 정서를 청자에게 직접적으로 전달할 수 있다지만 가사가 없는, 표제가 없는 기악곡들, 흔히 절대음악Absolute Music은 어떻게 이를 수행하는가? 예를 들어 "세상에서 가장 슬픈 음악"이라는 홍보 문구를 달았던 비탈리G.B Vital, 1632-1692의 '샤콘느'Chaccone는 어떻게 음악적 위로를 건넨 것일까? 이는 음악 미학의 오래된 표현주의정서론와 형식주의 논쟁인지론을 떠올리게 한다. 정답 없는 논쟁이지만 최소한 음악이 위로를 전달하는 방식을 이해할 수 있는데 얼마간 도움을 준다는 점에서 이야기해 보도록 하자.

　정서론은 절대음악이 직접적으로 청중에게 슬픔의 정서를 유발시킨다는 것이다. 음악이 슬프기에 슬픈 정서를 일으킨다는 것으로 순환론적 비판을 받곤 한다. 하지만 음악과 정서가 직접적으로 연결된다는 점에서 어렵지 않게 이해가 간다. 반면 인지론은 "슬픔을 청자가 음악 속에서 인지하는 음악의 한 표현적 속성"피터 키비이라고 본다. 에드워드 한슬릭Eduard Hanslick,1825-1904이 주도했던 이런 흐름을 형식주의라고 한다. 음악은 정서와 무관한, 정서의 외부 영역이고 음들이 구축한 형식에 음악의 본질이 있다고 보는 것이다. 말하자면 음악 자체는 기쁨이나 슬픔같은 감정을 유발하는 데 별 관심이 없다는 것이다. 그럼에도 음악에는 그런 효과가 발생한다. 형식주의에서는 음악이 그와 유사한 정서를 불러일으키려면 감정의 대상, 믿음, 판단 같은 인지적 요소들을 경유해야 한다고 주장한다.

이를 이해하기 위해서는 무엇보다 음악과 관련된 정서 효과가 일면적이지도 일차적이지도 않다는 점을 인정할 필요가 있다. 음악이 만드는 정서라는 것은 청자의 감정에 직접적으로 작용하는 것도 있지만 청자의 사회문화적 경험에 의해 만들어지는 것도 있다. 우리가 민요 <아리랑>을 듣고 감응하는 것과 서양인들이 같은 곡을 듣고 정서적 반응을 일으키는 것이 동일하다고 생각할 수는 없다. 시를 번역할 때 모국어에 집약된 문화적 경험이 번역 불가능한 것처럼 음악적 경험도 이와 유사하다. 결국 청자가 '어둡다, 신난다, 서글프다' 같이 한정된 서술어로 설명할 수 있는 정서 외에 더 깊은 정서를 이해하기 위해서는 다양한 사회문화적 경험이 필요하다. 그렇기에 '음악=감정'이라는 정서론으로만은 부족하며 인지적 접근을 외면할 수 없게 되는 것이다.

긴 역사를 가진 표현주의/형식주의 논쟁에는 미학적 절충을 찾는 노력도 있었다. 그중 하나가 피터 키비Peter Kivy의 '인지주의적 표현이론'이다. 정서가 순전히 감정이 아닌 대상이나 믿음 등 판단의 요소를 포함한다는 인지주의 입장을 포함하면서 특정 정서를 나타내는 일반적 행동과 음악 사이의 '은유적인 유사성'을 통해서 정서와 음악 사이의 직관성 역시 인정하는 방식이다. 우선 정서를 '일반적인 정서'와 '플라톤적 정서태도'로 구분할 필요가 있다. 기쁨과 분노, 슬픔 같은 것을 일반 정서라고 한다면 자랑스러움, 존경 같은 것은 대상과 판단이 필요한 지성적 정서이다. 그는 음악이 직접적으로 표현할 수 있는 정서와 그렇지 않은 정서가 있다는 점을 명확히 하며 이렇게 단언한다. "음악은 일반 정서는 소유할 수 있지만 특정 정서는 소유할 수 없다." 음악에서 느끼는 정서는 청자가 특정한 정서를 느낌으로써 가능한 것이 아니라 음악이 해당 정서를 표현하는 방식에 대해서 청자가 공감함으로써 가능하다고 보는 것이다. 이런 표현양식의 특징들, 예를 들어 선율의 아름다움이나 화성의 조화, 연주자가 가진 음색의 특징들의 요소를 청자는 종합적으로-인지적으로- 판단하여 음악을 통해 청자는 특정 정서에 공감하고 감동받게 된다. 이런 음악과 정서 사이에 존재하는 종합적인 판단 과정을 키비는 "청자가 음악적 윤곽선을 파악한다"라고 말한다. 좀더 쉽게 말하자면, 절대음악이 의도했거나 애초 의도할 생각이 없었던 특정한 정서라는 것은 느린 박자와 단조 같은 음악의 형식적인 요소들의 배치를 청자가 슬픔이라는 인간 정서와 유사한 것으로 파악하고즉 음악적 윤곽선을 인지하고, 이를 '슬픔의 음악적 은유'로 공감하게 된다는 것이다.

키비의 주장은 감성과 이성의 분리를 지양하고 음악 경험이 가진 주관성의 측면을 유지하면서도 음악의 인지적 측면을 통해 공동체 내의 보편적 미학 판단으로 음악을 끌고 온다는 부분에서 주목할 만하다. 특히 수용미학 측면에서 19세기 낭만주의 이래 지배적인 클래식 음악과 개인 정서 사이의 주관적 직접성에 대한 일방향성을 비판적으로 성찰할 수 있게 해준다.

✴

지금까지 표제나 가사를 통해 직접적으로 공감을 전하는 음악과 가사도 없고 의도도 없지만 형식을 통해 정서에 영향을 주는 음악을 살펴보았다. 이제 사회적인 측면에서 위로를 중심으로 진행되는 클래식 음악에 대한 작은 불편함을 이야기하며 글을 마무리하자. 앞서 살펴보았듯 클래식 음악에는 슬픔을 나누는 위로의 요소가 있다. 그러나 현시대 한국에서 클래식 음악은 위로와 치유의 클리쉐Cliche가 되어 가는 것은 아닐까? 클래식 음악의 체험은 지나치게 이 부분에 집중한다는 인상을 받곤 한다. 인터넷 검색을 해봐도 클래식 음악과 위로라는 연관검색어가 수백 개는 찾아진다. 24시간 클래식 음악을 틀어주는 공영방송 라디오에서도 진행자나 청취자들이 가장 즐겨 쓰는 말은 '위로받다, 휴식을 얻다, 평안하다' 같은 정서적 술어다. 하이든의 협주곡에서는 나긋한 귀족적 호사가 느껴지고 말러의 교향곡에서는 파국의 증후가 감지되며 쇼스타코비치의 교향곡에서는 폐쇄적 불안과 공포가 느껴지는 데도 말이다. 먼저 음악을 표현하는 대중의 정서적 술어가 위에 언급한 단어 정도로 한정적인 것도 한몫한다. 또한 사회적 영향도 무시할 수 없다. 저항 없이 강제된 신자유주의 체제로의 진입과 이에 따른 공적 영역의 붕괴, 그리고 개인의 원자화는 이 시대를 특징짓는 단어들이다. 음악의 생산, 유통, 소비 과정도 이 흐름에서 자유롭지 못하다. 클래식 음악의 생산은 전문가 주의를 표방하며 음악에 위계를 만들었고 개인 매체의 발달은 청취의 고립화를 강화했다. 점진적으로 하향세를 보이던 클래식 음악 시장은 콩쿠르 스타에 대한 국민적 기대를 제외하면 살아남을 방법이 보이지 않는다. 그리하여 적자생존의 다른 영역에서 벌어지는 일과 동일하게 클래식 관련 업계도 비교 경쟁에 유리한 '위로 마케팅'에 뛰어들 수밖에 없다.

＊

전쟁이 치열한 사회에서 타자 또는 외부는 불안이나 공포의 대상이다. 이때 19세기 이후 내면의 영역에 성채를 지은 클래식 음악만큼 준비된 망명처를 제공하는 분야를 찾기도 쉽지 않다. 개인은 세계에서 물러나 내면에서 안식의 자리를 찾는다. 위로라는 필요를 충족시키며 세계로부터의 후퇴를 세련된 방식으로 합리화할 수 있는 것이 이런 미학화다. 사실 앞서 논의된 '음악의 위로 담론'을 둘러싼 메타구조는 이미 음악과 개인의 내밀한 정서만의 관계로만 한정되기 쉽다. 하지만 그 관계는 더 넓고 복잡하다. 에드워드 사이드Edward W. Said, 1935-2003는 다양한 경험과 사회적 상호작용을 강조하는 음악미학을 제안한다. 그는 "음악의 침범적 요소"라는 말로 음악과 사회가 상호 침투해야 함을 역설한다. 그리고 이 상호작용은 "음악의 세련"을 통해 둘 사이를 발전시킨다. 사회와 역사가 작곡가와 연주자를 세련되게 만들고 그렇게 만들어진 음악이 또한 사회와 역사를 세련되게 만들어간다는 것이다. 사이드는 특히 연주자의 일상성을 거부하는 퍼포먼스와 관객의 음악적 체험이 주는 감흥 속에서 발전적 상호작용의 예를 찾는다. 주지하다시피 녹음 재생 기술이 발전하기 전까지 인류의 음악 체험은 공동체적이었다. 마을 모퉁이에서, 거리에서, 또는 작은 공회당에서 음악은 세상과 소통했다.

지금은 일상이 되어 버린 혼자 음악을 듣는다는 행위는 불가능했다. 고립과 단절의 시대에 다시 원형적 체험이 가진 미덕을 생각해보아야 한다. 무엇보다 먼저 가까운 공연장을 찾을 것을 제안한다. 클래식 음악을 듣기 위해 터무니없이 비싼 해외 유명 연주자의 공연만을 찾을 필요는 없다. 지금도 전국의 크고 작은 공연장에서는 함께 듣는 음악적 경험을 제공하는 정성 들여서 만든 공연들이 텅 빈 객석 위에서 펼쳐지고 있다. 그 자리에서 음악을 느끼고 감응하는 사람들이 늘어나야 한다. 내면의 위로만큼이나 중요한 것은 사회적 위로와 예술 체험의 공적 경험이다. 고립된 위로에 머물지 말고 여럿이 듣는 음악 체험 늘리기, 음악에 대해 이야기하기, 음악에 대해 글쓰기 등이 필요하다. 개인적 위로라는 정서적 술어 속에 포획되어버린 클래식 음악의 해독제는 예술과 인간 그리고 사회 사이의 관계를 다시 사유하며 공연장 문을 열고 다양한 음악적 체험을 넓히는 그곳에 있지 않을까.

참고문헌

다니엘 J.레비틴, 김성훈 역, 『노래하는 뇌』, 와이즈베리, 2023
피터 키비, 장호연·이종희 역, 『순수음악의 미학』, 이론과실천, 2000
에드워드 사이드, 박홍규·최유준 역, 『음악은 사회적이다』, 이다미디어, 2007

박형준

부산에서 문학비평을 하고 있으며, 부산외국어대학교 한국어교육전공에서 학생
들을 가르치고 있다. 저서로『로컬리티라는 환영』『함께 부서질 그대가 있다면』
『마음의 앙가주망』『독학자의 마음』 등이 있으며, 제1회 문화多평론상, 제6회
우리문학회 학술상, 제38회 이주홍문학상 등을 수상했다.

향파 이주홍은 왜 친일을 고백하지 못했나?

1

역사 전쟁이 재연되고 있다. 윤석열 정부는 육군사관학교 내 '홍범도 흉상'과 '독립전쟁 영웅실' 철거를 추진하고 있다. KBS 여론조사 결과, 국민의 60% 이상이 홍범도 흉상 이전에 반대하고 있고KBS뉴스, 2023년 9월 29일, 24개의 독립운동 단체 역시 국방부의 반역사적 행태를 강력하게 비판하고 나섰다.

그러나 국방부는 물러서지 않고 있다. 독립지사들이 일제의 한반도 강점과 약탈에 맞서 투쟁해왔던 시대적 상황과 맥락을 탈각시키고, 철 지난 반공주의를 다시 소환하여 '역사'적 담론을 '이념'의 정치로 탈바꿈하고 있다. 문제는 이러한 현상이 대한민국 현직 대통령의 '광복절 축사'로부터 비롯되었다는 사실이다.

비평가이자 연구자이기에 앞서, 소시민의 한 사람으로서 뉴스를 끊고 지인들과 따뜻한 말과 술잔을 나누며 한 시절을 버틸 수도 있다. 그러나 윤석열 정부의 반동적 수사修史가 식민지 역사에 대한 무지와 반성 부재 속에서 반복되고 있는 현실은, 그동안 외면하고 있던 지역사회의 역사 문제를 직시하고 성찰하게 한다. 바로, 내가 살아가고 있는 부산에서 명망 문사文士로 추앙받고 있는 향파 이주홍의 친일 활동과 지역 학계/비평계의 침묵 문제이다.

향파 이주홍은 1906년 5월 경남 합천에서 태어나 1987년 1월 타계 전까지 동시, 동화, 시, 소설, 수필, 평론, 만화, 출판 등 다방면에서 예술적 재능과 성과를 보여주었다. 그리고 프롤레타리아 아동문학잡지인 『신소년』, 『별나라』 등의 편집에도 관여하면서 문학사文學史에 기록될 업적을 남기기도 했다.

해방 직후 서울에서 활동하던 이주홍은 1947년 여름 부산으로 내려와 지금의 동래고등학교당시 동래중학교를 거쳐 국립부경대학교당시 부산수산대학교에서 교편을 잡으며, 지역 문화예술의 발전과 한국 아동문학의 부흥을 위해 힘썼다. 부산 시민과 문화예술인들은 이주홍의 문학적 업적을 기리기 위해 1980년 이후 이주홍문학상당시 이주홍아동문학상, (사)이주홍문학재단당시 이주홍아동문학상운영위원회, 이주홍문학관 등을 제정, 설립, 개관하여 지금까지 이어오고 있다.

　이주홍의 일문 작품에 대한 기록은 임종국의 『친일문학론』에 일부 제시되어 있긴 했지만, 그것이 대일 협력적인 작품인지에 관해서는 충분히 규명되지 않았으며 민족문제연구소에서 펴낸 『친일인명사전』에도 수록되지 않았다. 부산지역을 대표하는 명망 작가가 '친일'과 무관하다는 결과와 믿음은 작은 위안을 주었지만, 최근 그의 대일 협력 작품이 다수 발견되면서 이러한 기대는 무너지고 있다.

2

이주홍과 관련한 연구는 작가, 작품, 미학, 교육 등의 분야에서 다채롭게 이루어져 왔으나, 일제 말기의 일문 작품 활동에 대한 연구는 거의 이루어지지 못했다. 그러던 중, 이주홍 문학 연구에 평생을 바쳐온 류종렬 교수가 정년퇴직을 앞둔 2017년 『이주홍과 동양지광』이라는 연구서를 펴내며, 이주홍의 친일 문필 활동에 관한 연구는 새로운 국면을 맞이하게 된다. 『동양지광東洋之光』에 발표한 37편의 일문 작품이 대부분 대일 협력적인 성격을 가진 작품으로 규명되면서, 그의 친일 활동이 가시화되었기 때문이다.

실제로, 이주홍은 일제 말기에 『동양지광』1939년 4월부터 1945년 1월까지 등을 비롯한 여러 친일 매체에 대일 협력적인 작품을 발표했다. 「학제 개혁과 학도의 각오制改革と学徒の覚悟, 1943년 3월」, 「청년과 도의青年と道義, 1943년 7월」 등의 글에서 확인할 수 있듯, 그의 대일 협력 정도는 일제의 아시아·태평양 침략과 수탈을 정당화한 "팔굉일우八紘一宇"의 정신과 실천을 옹호하고 지지하는 데까지 나아간다.

이주홍의 일제 말기 대일 협력 작품에 관한 연구는 『동양지광』을 넘어 『가정지우家庭の友』, 『반도지광半島の光』 등으로 확대되었다. 그럼에도 불구하고, 지역 학계/비평계에서는 후속 연구가 이루어지지 않고 있다. 타락한 중심을 향해 날선 비판을 가하던 부산지역 비평계조차도 이주홍의 친일 행위에 대해서만은 침묵했다. 이런 현상에 관해서는, 별도의 비평적 논고가 필요할 정도로 복잡한 문제가 존재하지만, 가장 큰 이유로는 지역사회 내 인적 네트워크와 온정주의를 꼽을 수 있다.

류종렬은 이주홍의 일제 말기 창작 활동을 "대일 협력이라는 전향과 훼절의 문제"로 인식하고 실증적인 자료 조사와 연구를 진행하였으나, 꽤 오랜 기간 논문을 발표하기 힘들었음을 고백하고 있다. 그는 "자료들을 공개적으로 밝힐 용기도 없었고, 또한 이주홍문학재단에 깊이 관여하였기에 인간적으로도 주저한 측면이 많았"으나, "이러한 작업이 반드시 필요하기 때문"에 연

구를 시작하게 됐다며 소회를 밝힌 바 있다류종렬, 『이주홍과 동양지
광』, 세종출판사, 2017, 4쪽.

　개인사의 측면에서 볼 때, 이주홍은 일제 말기 여러모로 불행
한 처지에 놓여 있었다. 그는 "1940년 신세기사를 그만두고, 한
양 영화사에 입사했으나 회사가 부실한 탓으로 곧 퇴사"했으며,
그해에 "열일곱 살이던 셋째 누이동생이 장티푸스"로 세상을 떠
나기도 했다. 구술과 연보에 따르면, 당시 "실직, 무전, 실연, 유
전, 자살 유혹 등이 겹친 생애 최고 수난의 해"였다는 사실을 확
인할 수 있으며, 이러한 실존적 고난은 우리를 머뭇거리게 한다
류종렬, 『이주홍과 근대문학』, 부산외국어대학교 출판부, 2004, 99쪽.

　작가이기에 앞서, 한 인간으로서 완벽한 삶을 살지 못한 것
자체를 비난할 이유는 없다. 또한 해방 후 부산에 정착하여 수
많은 후학을 양성하며 한국 아동문학과 지역문화 발전에 기여
해 온 이주홍의 공로는 제대로 된 평가를 받아야 마땅하다. 다
만, 그것이 일제 말기 '훼절'의 알리바이가 될 수는 없으며, 반민
족 문필 행위 역시 온정적 태도로 봉합될 수 있는 문제가 아니다.
작가는 작품으로, 비평가는 평론으로, 연구자는 논문으로 세상과
대화하며, 그 내용과 태도에 책임을 지는 존재이기 때문이다.

　이주홍이 자신의 친일 문필 활동에 대해 어떤 말을 남겼는지
는 확인하기 쉽지 않다. 그는 해방 직후인 1945년 12월에 『초등
국사』 교과서를 펴내며 민족사 교육의 중요성을 강조하기도 했

지만, 대일 협력 행위에 대한 반성과 역사 재정립 문제에 관해서 만큼은 침묵했다. 또한 그가 이 문제에 대해 어떤 생각과 태도를 지녔는지 확인할 수 있는 직접적인 자료는 현재까지 발견되지 않고 있다. 다만, 이주홍의 수기에서 간접적으로 자신의 중대한 "잘못"과 "부끄러움"을 드러낼 수 없었던 인간적 고뇌를 확인할 수 있을 뿐이다.

> 잘못을 깨달아 행동에 옮겨 고치는 데는 무엇보다도 용기가 필요하다. 그런데 나는 숨김 없이 고백해서 지금의 이 순간에 도 그런 용기가 나지 않는다. 죽은 뒤에 발표할 유고라면 모르 겠으나 현세에선 나의 부끄러운 결함이 남에게 주는 교훈이 되기보다 앞서서 우선 당장 그것으로 말미암아 내가 오늘과 내일의 생활에서 입어야 할 화살의 아픔을 감당해 내기가 어 려워서다. 그만큼 이 참회기록도 아주 깊은 상처는 감추어두 는 채로 스쳐가게 될 것임을 먼저 용서바라고 싶다
>
> 이주홍, 「다시 난들 어쩌리—나의 懺悔錄」, 『격랑을 타고』, 삼성출판사, 1976, 115쪽.

이주홍은 자신에게 "부끄러운 결함"이 있음을 밝히고 있으 나, 그것이 무엇인지에 관해서는 함구했다. 그렇다면, 그가 자신 의 일제 말기 친일 행위를 고백하고 반성하지 못한/않은 이유는

아크

무엇일까? 『이주홍소설전집』에 수록된 작품을 검토 및 분석한 결과, 이주홍은 일제에 대한 협력 행위를 그 어떤 패륜적 행동보다도 부끄러운 일로 인식하고 있었다는 것을 알 수 있다. 비록 우회적이긴 하지만, 이주홍의 말년, 즉 타계 직전에 발표한 「초가樵歌」에서 구체적 단서/근거를 발견할 수 있다.

「초가」는 이주홍이 타계 3년여 전인 1983년 『현대문학』 12월 호에 발표한 단편소설이다이주홍, 「초가」, 류종렬 엮음, 『이주홍소설전집』 제5권, 세종출판사, 2006, 390-417쪽을 참조할 것. 이 작품의 시대적 배경은 구한말이며, 핵심 서사는 박서보와 그의 딸 윤지에 관한 이야기이다. 박서보의 두 형은 의병에 나섰다가 죽임을 당하였으며, 그의 아내도 병사한다. 부녀는 떠돌이 생활을 하다 겨우 "진골"의 성참봉네 산지기 노릇을 하며 삶의 안정을 찾게 된다. 그러던 어느 날 '세화'라는 청년이 큰 부상을 입고 자기 집을 찾아와 함께 기거하게 되는데, 서보의 딸 윤지는 세화의 아이를 임신하게 된다. 그런데 알고 보니 그는 일병日兵에게 의병을 밀고한 일로 악명이 높았던 '밀정 유창기'의 자식이었다. 세화는 윤지에게 자신이 친일파의 아들임을 밝힌 후 "왜놈의 밀정들을 잡으러" 다니는 촌락 장정들을 피해 도주한다.

여기에서 흥미로운 것은, 박서보가 친일파이자 밀정의 혈육인 세화를 숨겨준 것을 감추고, 마을 사람들로부터 과년한 딸을 시집보내지 않고 데리고 살면서 자신의 아이까지 갖게 했다는

"패륜"적 오해를 받는다는 점이다. "딸자식이 혼전 정사를 하도록 내버려 두었다는 사실을 이실직고하는 고통보단 만인의 원수인 친일파로 몰려서 지탄을 받게 된 사실이 더 무서운 것이었다"라는 문장에서 확인할 수 있듯, 박서보에게는 인륜을 저버렸다는 오해와 비난보다 두려운 것이 있었으니, 바로 친일파로 지탄받는 일이었다. 이것은 세화의 도주 이후 박서보를 지배한 강력한 심리적 요인이었다.

이주홍의 말년 작품 「초가」를 경유할 때, 이주홍에게 "친일"이란 "인륜"의 위반보다 더 심각한 작가적 모순이자, "죽음" 앞에서도 결코 드러낼 수 없었던 부끄럽고 두려운 일이었음을 유추할 수 있다. 그 근거는 주인공 박서보가 "친일파" 자식인 '세화'와의 관계를 끝내 숨기고, 마을 사람들의 오해 속에 "돌팔매질"을 당하며 죽음을 선택하는 장면에서 잘 드러난다. 「초가」에서 중요한 사건 마디를 원수의 피를 잉태한 사태로 설정하고 있는 것은 문제적이다. 왜냐하면 이는 대일 협력의 문제를 식민지 시기에 우연히 발생한 "억울한 원죄"로 변제하는 논리이기 때문이다. 박서보의 비극적 결말은 일제의 조선 침략에 근거한 것이기는 하지만, 이것이 일제 말기 이주홍의 '대일 협력 행위'의 알리바이가 될 수는 없다.

자신이 원한 것이든, 원치 않은 것이든 민족과 역사를 배신한 대가는 무겁다. 이주홍은 평생 자신의 친일 행위에 침묵했으나,

그의 내면은 일제 말기 대일 협력에 대한 원죄 의식과 고통으로 점철되어 있었던 것으로 보인다. 말년에 창작한 단편소설 「초가」는 이를 방증하는 예다. 그러나 대일 협력 행위에 대한 반성 없는 부끄러움을 굴곡의 시대를 살아내야 했던 한 인간의 고뇌와 값싼 위안으로 탁화하는 것은 곤란하다.

3

이주홍이 「참회록」에서 밝힌 바와 같이, 유고가 아닌 이상 도무지 입 밖으로 꺼낼 수 없었던 친일의 얼룩은 해방 이후 그가 성심을 다했던 민족문화 교육과 문화예술 활동의 진정성을 훼손하고 분열시키는 요인이 될 가능성이 높다. 그래서일까? 이주홍은 고백과 반성 대신 침묵을 택하였다. 그는 일제 말기 『동양지광』에 발표한 글에서 사용했던 '팔굉일우'라는 용어를 1954년 12월에 발표한 칼럼에서 다시 꺼내는데, 여기에서 역사 인식과 실천 사이의 모순/분열을 확인할 수 있다.

> 남을 이해한다는 것은 곧 나를 이해케 하는 것이요. 남을 존중한다는 것은 곧 나를 알게 하는 다시 있을 수 없는 길인 것이다. 과거의 군국일軍國日이 자기 나라만을 신이라 하여 팔굉일

우의 주인이 된다 …중략… 남양을 점령해서도 일본의 사직을 수호하는 신사를 짓게 하여 강제로 토착민을 참배케 했던 일은 우리들에게 무엇을 가르치는가.이주홍, 「개구리의 哲學」, 『수산타임스』 4호, 1954년 12월 14일, 류청로·남송우·윤한삼 엮음, 『이주홍과 수산대학—수대학보에 수록된 글을 중심으로—』, (사)이주홍문학재단, 2018, 48-49쪽.

이 칼럼에는 저자 자신이 대일 협력에 나섰던 사실에 대한 기록과 반성이 전혀 언급되어 있지 않다. 「학제개혁과 학도의 각오学制改革と学徒の覚悟, 1943년 3월」, 「청년과 도의青年と道義, 1943년 7월」라는 일문에서 일제의 '팔굉일우' 정신을 지지하며 조선 청년들의 각성을 촉구하던 저자의 목소리는 사라지고, 팔굉일우를 강요하던 일제 군국주의의 범람이 얼마나 폭력적인 사태였는지만 부각되고 있다. 즉, 이주홍의 대일 협력 행위는 말끔하게 표백/은폐된 채로, 민족문화에 대한 저자의 의지만이 공표 및 기술되고 있는 셈이다.

세상을 떠나기 전까지 대일 협력 활동을 고백하지 못했던 이주홍의 욕망과 두려움에서 한 인간의 연약한 모습을 본다. 일제 말기의 처절하고 참담한 식민 상황이란 일개 문인으로서는 감당하기 어려운 사회적 재난이었음이 분명하다. 하지만 식민지 시기의 반민족적 친일 행위는 개인사의 차원을 넘어, 사회 전체

구성원의 역량을 모아 청산해야 하는 공통의 과업이다. 이는 특정 작가, 비평가, 연구자를 비난하기 위한 일이 아니라, 과거의 교훈을 통해 현재와 미래를 새롭게 재구성해야 하는 역사적 책무이다.

사회학자 프레데리크 로르동에 따르면, 역사는 "역사를 만드는 사람들의 능력"에 의해 산출된 결과이다. 역사의 퇴보를 반복하지 않기 위해서 이주홍을 비롯한 지역 문인의 친일 문제를 사사화된 논의의 대상이 아닌 비평적 의제로 부각할 필요성이 있다. 그러기 위해서는 먼저 우리 안에 식립된 온정주의의 악습을 뿌리 뽑아야 한다. 인간에 대한 애정을 포기하자는 말이 아니다. 자유주의 정치철학자 윌 킴리카는 위안과 위로에 바탕한 온정주의가 바로 그 온정적 태도가 예방하려고 했던 의미 없는 행위를 되풀이하게 만든다고 주장하였다.

그러므로 지금 우리에게 필요한 것은, 온정적 태도에 입각해 역사적 사실을 외면하고 퇴행시키는 '거짓 위로'가 아니라, 수면 아래로 가라앉고 있는 역사적 진실을 인양하기 위한 '사유와 실천'이다.

조재휘

영화평론가로 씨네 21 필진이자 국제신문에 영화 칼럼을 연재 중이다. 영화 『아가씨』 2016 메이킹 북 『아가씨 아카입』을 집필했고 전주국제영화제, 부천국제영화제 모더레이터, 부산국제영화제 대중화위원회 POP-COM 진행위원, 영화진흥위원회 영화제 평가위원 등 영화와 관련된 여러 분야에서 활동 중이며 2020년 『시네마 리바이벌』을 펴냈다

'도피'와 '외면'으로서의 위로 - '힐링'과 '웰빙'을 생각하며

'힐링'과 '웰빙'의 시대

'힐링Healing'과 '웰빙Well-being'이 유행이던 시기가 있었다. 아니, 지금도 표현만 조금씩 달라질 뿐, 여전히 현재진행형이다. '멘토'로 불리며 명사들이 신문과 방송 등, 언론 지상을 장식하며 긍정적인 삶의 모습이란 무엇인가를 설파하고 다정한 위로의 메시지를 던지며 청중의 관심을 모았고, 그들이 쓴 책은 베스트셀러가 되었다. 분명 '치유'와 '잘 삶'을 이야기하는 그들의 말에도 일정 부분 효용은 있었을 것이기에, 그것을 애써 부정하고 싶진 않다. 신자유주의라는 말조차도 안이하고 무색해질 만큼 우승열패와 무한 경쟁, 계급적 차별과 극한의 이윤 추구로 물들고 얼룩진 황량한 사막 같은 사회에서 우울감에 젖고 피로감에 지친 사람들에게 절실했던 건, 잠깐이라도 갈증을 풀어줄 물 한 모금의 청량함이었을 테니 말이다.

그러나 이러한 치유와 긍정의 언어들을 무작정 곧이곧대로 받아들이기엔 어딘가 미심쩍고 불편한 구석이 존재한다. 결국 이 레토릭은 만연한 불행의 현실을 먹고 자라는, 불우한 시대의 풍경을 겨냥한 마케팅이 아닌가 싶었던 것이다. 담론의 영역에서 신자유주의 운운이 범람하기 이전인 고도성장의 시대부터 한국의 자본주의는 사회 구성원 다수에게 과중한 부담을 지우고, 그로써 얻은 잉여의 과실을 나누는 데는 더없이 인색했다. 살림살이 팍팍하고 고단한 현실에 처한 대중에게 남은 건, 삶의 궁지로부터 빠져나올 수 있는 어떤 '기적에 대한 환상'이었으며, 이것이 '멘토'와 그들의 말을 경청하고 스승으로 받드는 이들로 성립되는 일종의 '시장'을 형성하는 배경이 되었다.

조지 오웰의 '동물농장'에는 모세라는 까마귀가 등장한다. 한때 박해받는 유대민족을 억압의 굴레로부터 건져낸 한 영웅적 인물의 이름은 풍자적 성격이 짙은 이 소설에서는 얄궂게도 '얼음사탕산'이라는 낙원의 존재를 떠들어대는 사기꾼 예언가의 것으로 뒤집힌 채 인용된다. '늘 높이, 구름 너머 저 멀리 어딘가에 있'고 '일주일에 7일이 일요일'이며 '토끼풀이 사시사철 무성하고 산울타리에선 각설탕과 아마인 깻묵이 자란다'는 허무맹랑한 언설을 일삼는 이 까마귀는 인간 농장주가 추방된 이후에도 살아남고 나폴레옹의 독재가 심화됨에 따라 다시 전성기를 얻는다. 동물농장의 현실이 악화일로로 치달을수록 동물들은 더욱 더 모세가 지껄이는 '얼음사탕산'의 거짓말에 귀를 기울인다. 명사의 특강이건, 종교 행사가 되었건, 오늘날 한국에서 말해지는 위로와 위안의 정체는 대개 이런 '얼음사탕산' 같은 것이 아닐까?

어떤 유토피아적 상태를 희망하는 이들이 그토록 많음에도, '힐링'과 '웰빙'의 구호를 내건 장사에는 순풍이 그칠 줄 모르는데도 불구하고, 어째서 우리의 현실은 전혀 나아질 기미가 없는 것일까? 이 지독한 아이러니에는 우리가 경계해야 하는 '거짓된 위안'의 함정이 있다. '마음 챙김mindfullness'을 하라는 것, 조금 여유를 갖고 세상과 거리를 두며 조감하듯 보라든지, 어둡고 염세적인 생각만 갖지 말고 열린 마음으로 세상을 품으라는 식의 말이 개인의 차원에서만 머문다면 그리 나쁜 것은 아니다. 그런데 이러한 언어가 한 인간으로 하여금 자신 안으로만 침잠하며, 현실의 구조적 문제로부터 눈을 돌리도록 한다면, 더 나아가 자기 구원만을 바라는 이기적인 존재가 되도록 부추기는 귀결로 이어진다면 이야기는 달라진다. '위로'의 화두를 두고서 인간적인 따스한 정감보단 신경을 곤두세우며 경계심을 품게 되는 건 바로 이러한 이유에서이다.

'리틀 포레스트'2018, 혹은 도피와 외면

임순례 감독의 '리틀 포레스트'2018를 보면서 적잖은 당혹감을 느꼈었다. 이가라시 다이스케의 동명 만화와 이를 영화화한 일본 작품를 리메이크한 이 영화가 불편했던 건 일본의 동북 지방이 한국의 한적한 시골 마을로 바뀌는 개작의 어색한 이질감만이 아니라, 영화가 내세우는 '힐링'의 방식에 좀처럼 동의하기 어려웠기 때문이었다. 물론 청년세대의 피로한 삶에 잠시나마 위안을 안겨주고 싶었다는 연출의 변을 밝힌 감독의 진심을 곡해하고 싶지는 않지만, 밑바닥 삶의 애환에 때론 애착을 가지면서도 때로는 그들 삶의 전망 없음을 냉정히 응시하던 '와이키키 브라더스'2001 때를 돌이켜보자면, 이 근작에서 보이는 시선과 태도는 작가로서의 퇴보 내지는 퇴행이 아닌가 싶었던 것이다.

　전원생활에 대한 낭만 어린 동경과 환상은 그 유래가 무척 오래됐다. 헨리 데이비드 소로가 월든 호숫가에 오두막을 짓고 2

년간 은둔생활을 하면서 사색한 바를 기록한 '월든'이나 스콧 니어링의 '조화로운 삶'과 '스콧 니어링 자서전'은 자연으로 회귀해 영위하는 일상의 평화로움과 문명에서 떠난 삶의 불편함을 감당하는 낙천적 태도로 많은 독자들에게 영감을 준 바 있으며 오늘날에도 꾸준히 읽히고 있다. 자연으로 돌아간 삶의 단순성은 도시 소시민이 겪는 현실의 각박함과 대비를 이루며 대안적 삶의 한 가능성으로 제시되었고, 전원생활과 귀농을 희망하며 시도하는 젊은 층도 적지 않은 것이 사실이다.

물론 자연으로 회귀하는 데서 어떠한 삶의 이상향을 찾고, 그로부터 위로를 얻는 일 자체에 가치가 없는 것은 아니다. 서울에서의 삶을 견디다 귀농한 혜원과 고향에 남은 친구들이 재회하여 오랜만의 회포를 나누는데, 이때 보이는 관계의 공동체적 정감은 핵가족을 넘어 1인 가구의 비중이 갈수록 늘어가며 개개인이 관계 맺지 못한 채 분자적으로 파편화되어가는 도시 소시민의 현실과 대비를 이루며 현재 다수의 삶에 결여되고 상실한 것이 무엇인가를 돌이켜보게 한다. 신자유주의의 시대는 만성적인 불안과 고독, 불확실성의 시대이다. 가족 공동체는 해체된 지 오래고, 혼밥과 혼술과 고독사는 일상이 되었다. 다시 말해 자연과 공동체라는 유기적인 것들, 흔히 근대 이전의 것이라 여겨지는 것에 대한 향수는 각박해져가는 현대 자본주의와 도시 문명의 비인격성을 반증하는 비판적 순기능을 가질 수 있다는 점에서 일견 긍정해 볼 여지가 있다.

그러나 전원생활로의 도피가 현실적으로 실현 가능한지, 오늘날 인구의 절대다수를 차지하는 도시 소시민의 입장에서 얼마나 접근이 용이한지를 따져보기 시작하면 이야기는 달라진다. 영국의 농촌 사회학자인 하워드 뉴비는 공저로 참여한 '녹음과 쾌적한 땅?Green and Pleasant Land?'에서 환경보호 단체에 가입되어 있는 회원 인구의 사회적 계층을 조사한 바 있는데, 중산층도 아닌 상류층이 큰 영향력을 행사하는 단체의 핵심을 이루고 있었다는 충격적인 결과가 나왔다. 이들은 자연 풍광과 인접한 양지바른 곳에 거주지를 두고는 그로부터 출퇴근하는 일상을 영위하고 있었다. 다시 말해 영국의 상류층들은 자신들의 거주지 내지 별장이 소재하는 전원환경을 일종의 '지위재positional good'로 여기고 있었다는 것이다. 조금 비딱한 시선으로 틀어서 보자면 이들의 환경운동 내지 로비 활동이란 순진하게 인류 전체의 보편적 이익을 위한 것이 아니라, 단순히 자신들의 안락하고 쾌적한 전원생활을 지키기 위한 계급적 이해의 문제인 것이다.

이런 예시는 전원생활, 자연 회귀의 서사가 주는 '위로'가 얼마나 공허하고 다수의 홍익弘益에 끼치는 실효성의 실질이 없는 것인지를 잘 드러내 보여준다. 한국의 경우도 마찬가지이다. 대개 귀농 인구로 잡히는 인원들 상당수는 일정 수준의 부를 쌓은 중산계급 이상의 장년층이었고, 이들의 거주지도 수도권에서 차량으로 한 시간 내외에 왕래가 가능한 외곽 내지 충청권에 집중되어 있었다는 조사는 팍팍한 도시적 삶으로부터의 해방이라는 낭만적인 인상과는 달리 결국 전원생활의 낭만과 도시 생활의 편의 양자를 누리려는 계산과 이를 실행 가능케 하는 자본의 뒷받침이라는 현실의 냉정한 일면을 우리에게 드러내 보인다. 다시 말해 절대다수의 사람에게는 도시를 벗어나 자유로운 삶을 살 기회가 열려 있지 않은 것이다. 먼저 언급한 '월든'의 소로우는 당대에 손꼽히는 명망가 출신이었기에 생계의 걱정이 없었고, 스콧 니어링 또한 자급자족의 비중이 높긴 했지만 전원생활에의 정착을 가능하게 해준 건 오랜 학계에서의 활동으로 얻은 명망으로 얻는 강연과 인세 등의 고정 수입이 뒷받침되었기 때문이었다. 무소유無所有는 도리어 큰 소유所有가 뒷받침되어야 한다는 역설을 입증하는 사례는 이 말고도 곳곳에서 발견되곤 한다.

반면 도시 소시민의 경우는 어떠한가? 주말이나 연휴의 틈을 빌어 일시적인 여가를 누릴 수는 있겠지만, 대다수는 생계와 일상을 유지하기 위해 직장과 연결되어 있는 도시의 끈을 쉽사리

끊어낼 수 없다. 마르크스의 사위이자 '게으를 수 있는 권리'의 저자인 경제학자 폴 라파르그는 그의 책에서 그리스의 군인이자 정치가였던 크세노폰의 말을 인용한다. "노동에 종사하는 자에게는 신체에 변화가 생기지 않을 수 없고, 그토록 일하는 것은 정신에 분명 큰 해가 된다. 돈을 받고 노동을 파는 사람은 사실 자신을 팔게 되고 스스로를 노예화할 우려가 있다." 이처럼 삶을 유지함에 있어서 필요한 것이지만, 동시에 지나치면 삶을 망가뜨릴 위험이 노동에 있음을 과거의 식자들은 알았다.

'녹음과 쾌적한 땅?'의 공저자 중 한 사람인 생태학자 머레이 북친은 해당 저서에서 문제의 본질은 자연과 인간 사이가 아니라 인간 사회 질서의 내부 문제로부터 비롯됨을 지적한다. 중요한 건 절대다수에게 가능하지도 않은 현실을 도피할 '힐링'과 '웰빙'을 주장하는 게 아니다. 진정 필요한 건 위로와 휴식을 필요로 하는, 삶의 무게에 짓눌린 사회구성원들의 피로를 덜어줄 정치적 변혁을 논의하고 모색하는 하나의 기획, 사회와 생태의 총체를 재구성하는 삶의 기예이다. 만일 우리가 구조적인 문제의 본질을 외면한 채 각자 저마다의 '힐링'과 '웰빙'에만 골몰하고 목을 매는 한, 과중한 노동시간과 사회 안전장치의 부재로 곳곳에서 벌어지는 사회적 재난에 눈을 감아버리는 한 참된 의미에서의 구원과는 영영 거리가 멀어질 것이다.

'누칼협'과 '알빠노'의 시대에 서서, '대승大乘의 위로'를 꿈꾸며

'위로'의 언설言說이 범람하는 사회는 실패한 사회이다. 극단화한 후기 자본주의 사회에서 사람들은 유기적 관계의 해체를 경험한 채, 혼술과 혼밥과 고독사를 일상으로 맞는 분자화된 개인이 되었다. 그리고 이렇게 공동체로부터 찢겨나간 개인들은 자신의 불행과 고단함이 어떤 사회구조적 모순의 결과가 아니라 자기 자신의 노력이 부족해서라는 식으로 체념하고, 모든 책임을 외부가 아닌 자신의 탓으로 돌리는 식의 우울한 정념을 갖게 되었다. 사회적 실패의 책임을 개인의 문제로 돌리는 이러한 내면화는 자신의 불행이 결국 자신의 탓이듯, 타인의 불행도 그가 스스로 자초한 것이기에 신경 쓸 필요가 없다는 식의 인식으로 이어지고 만다. 이러한 관념이 상식처럼 자리 잡는 순간, 명목으로나마 남아있던 공동체의 형식마저 산산조각 무너지고 정치적 개혁의 가능성은 봉인되고 만다.

그러한 우리 시대의 정념을 그대로 대변하는 신조어가 바로 '누칼협'과 '알빠노'이다. 전자는 "누가 칼 들고 협박했냐?", 후자는 "내가 알 바 아니다"를 축약한 말이라고 한다. 어려운 지경에 처하면 그것은 다 열심히 공부하지 않은 개개인의 탓이며, 타인의 고통은 나의 관심사가 아니게 되었다. 이러한 언표言表 방식은 서로 의지하고 치유하며 개인의 처지를 나락까지 떨어지지 않도록 건져줄 사회적 관계망과 공동체적 경험이 붕괴하다 못해 아주 없어져 가고 있는 작금의 괴물 같은 현실이 낳은 결과이다. 이와 같은 상황에서 섣부르게 남용되는 위로의 언어는 더더욱 사태를 악화시킬 뿐이다. 오로지 나 자신만이 존중받고 위로받아야 하며, 다른 사람의 처지는 알 바 아니라는 사고방식을 부추기기 십상인 탓이다. 소통과 공감 능력을 상실한 채 찢어진 개인들, 무너진 공동체, 그리고 계급 불평등의 차가운 현실은 방치된 가운데, 오로지 '힐링'과 '웰빙'의 마케팅만이 번성할 뿐이다. 바뀌는 것은 아무것도 없을 것이다.

그러하기에 우리에게 진정 필요로 하는 건 흔히 생각하는, 개개인에게 건네는 소소한 위로의 말 한두 마디 따위가 아니다. 다수의 공동체적 삶을 재조직하고 구조적 문제의 본질을 사유할 공간과 기회를 갖는 정치적 기획이야말로 개인을 넘어서 사회를, 시대를 궁지에서 일으켜 세워줄 희망의 불씨가 될 것이다. 바깥에서는 지옥을 손쉽게 이야기하는 판인데 집 안의 창가에 걸터앉아 명상하며 마음의 평안을 바라고 느리게 살기를 실천한다는 게 대체 무슨 소용이 있을 것인가? 사회적 약자이기 마련인 다수의 고통을 도외시한 채 나 자신만 '치유'받고, 나 자신만 '잘 살'면 된다는 발상은 되돌아보면 그 얼마나 끔찍한 것이란 말인가? 자기 자신만의 득도와 해탈을 바라던 소승小乘: Hinayana의 불교가 훗날 많은 중생의 구제를 바라는 방향으로 길을 틀었듯, 오늘날 이 시대에 절실한 건 다수의 행복을 향하는 '대승大乘: mahayana의 위로'를 기획해 보는 일이 아니겠는가? '위로'의 화두를 받아들고서, 문득 그런 생각이 들었던 것이다.

류영진

부산대학교 사회학과와 동 대학원에서 석사를 마치고 일본 후쿠오카대학에서
경제학 박사학위를 받았다. 현재는 일본 규슈산업대학 경제학부 교수로서 재직
하고 있다. 주요 전공 분야는 문화경제학으로 일상부터 예술에 이르기까지 다양
한 문화적인 요소들이 경제에 어떻게 영향을 미치는가에 지속적인 관심을 가지
고 연구 활동을 이어오고 있다.

어떤 위로로 하시겠습니까?
일본 메이드 카페
관찰기

현대인의 대부분은 고향이 없어졌다.

그들은 새로운 사람들을 찾아가지 않으면 안 된다.

그리고 새로운 가치에 자신을 투영하면서

낯선 것을 고향으로 만들려고 시도해야 하는 시대를 살고 있다.

헤르만 헤세, 『그리움이 나를 밀고 나간다』 中

메이드 카페를 아십니까?

메이드 카페. 말 그대로 여급 카페라는 의미이다. 한국적 의미
속에서 생각하기에 마치 퇴폐업소를 부르는 것 같은 이 카페는

일본의 서비스업의 하나이다. 2000년대 초반부터 일본에서 인기를 끌며 지금까지도 도쿄 아키하바라 등을 중심으로 성업 중이다. 등록 업종은 요식업이지만 음식의 질보다 접객 그 자체에 더 방점이 찍혀 있는 서비스이다. 도쿄 지자체는 오타쿠의 성지라 불리는 아키하바라 지역의 메이드 카페들을 도시의 주요 관광 콘텐츠로 지정하고 세계적인 문화상품으로 소개하고 있다. 오사카 등의 지역에서는 '집사 카페'도 성업 중이다.

2013년과 2018년. 필자는 현대 일본인들의 심리적인 결핍 등을 분석하기 위한 문화기술지ethnography 연구를 2차례 진행한 적이 있었다. 그때 일본 특유의 상품이나 모임 등을 직접 찾아다녀보고 인터뷰 조사도 진행하였다. 그중에서 위로라는 키워드에 참으로 적절하다고 생각이 드는 곳이 한군데 있었으니. 그곳이 바로 메이드 카페였다.

최근에는 과연 어떤 모습일까? 2023년 11월 도쿄로 출장을 떠난 어느 날 5년 전 그날처럼 기록용 수첩 하나를 손에 쥐고 우에노上野 지역에 있는 메이드 카페를 찾아가 보았다. COVID-19의 영향으로 손님이 좀 줄어 보였지만 메이드 카페는 수년 전 봤던 그 모습과 크게 다르지 않은 모습으로 손님들을 맞이하고 있었다. 이 공간은 현대 일본인들에게 있어서 위로라는 이름의 상품을 제공하고 있다고 느끼게 만들었던 그 분위기와 상호작용들이 지금도 그 수요가 결코 줄지 않았음을 증명이라도 하는 듯 여전함을 완연히 보여주고 있었다. 그럼 잠깐 필자의 눈과 귀를 빌려 메이드 카페를 살짝 들여다보자.

메이드 카페의 메이드들은 왜 저러는 거야?

메이드 카페에 따라 차이는 있지만 보통은 두꺼운 철문으로 된 입구를 열고 들어가는 경우가 많으며 안으로 들어서면 이상한 나라의 앨리스 마냥 전혀 다른 세계에 들어온 듯 화사한 색감과 분위기를 느끼게 된다. 연두색과 분홍빛 등이 메인 테마인 공간에서, 메이드들은 모두 톤을 높여 "주인님 돌아오셨습니까?"라고 외치며 짐을 받아주고 자리로 안내해 준다. 아마 "주인님"이라는 이 말에 적응하는 것부터가 첫 미션이리라.

일단 카페 내에서는 좁은 공간에서 다수의 메이드들과 조우하게 되는데, 메이드들의 행동양식을 살펴보면 기본적으로는 복종적 형태를 취한다. 손을 가지런히 앞으로 모으는 기본자세, 무릎을 꿇고 앉는 자세, 그리고 모든 호칭에서 '주인님'을 사용한다. 이 모든 것들은 사회학자 어빙 고프만의 표현을 빌리자면, 더욱 자신을 메이드스럽게 연출하기 위한 극적 연출 장치들이라고 할 수 있다. 하지만 그렇다고 메이드들이 완벽한 메이드의 모습인 것도 아니다. 메이드로서의 연기에도 상징적인 메이드의 역할 몇 가지를 제외한다면 메이드스럽지 않은 부분이 더 많이 존재한다. 일단 메이드의 자기소개가 있다. 자기소개는 자신의 명찰을 보여주고 인사를 하는 것으로 시작되는데 고개를 옆으로 숙이며 무릎 인사를 하거나, 두 손으로 손님의 손을 꼬옥 잡고 좌우로 흔들기도 하며, 제자리에서 한 바퀴를 도는 경우도 있었다. 개인마다 정해진 패턴이 있는 것은 아니었고 평범하게 자기소개를 하는 경우도 있었다. 각자 때에 따라 다른 모습으로 자기소개를 한다. 공통된 점은 웃음부터 눈짓, 손짓이 평균적으로 모두 과장되어 있다.

한 남성이 혼자 사는 것에 대한 쓸쓸함을 이야기하다가 편의점에서 도시락을 혼자 사들고 들어오는 기분이 너무 좋지 않다고 말했다. 메이드는 "요즘 혼자 사는 사람이 너무 많은 것 같아요"라고 말하며 남성의 옆에 있던 쿠션을 손끝으로 쿡쿡 누른다. 그러다가 갑자기 히잉 하고서 마른 울음을 울며 훌쩍거린다. 남성은 약간 당황한 듯 메이드를 쳐다보고 왜 그러냐고 물었더니 메이드는 너무 외로울 것 같아서 마음이 아프다고 말하고, 남성은 멋쩍은 듯 좀 웃는 듯하더니 메이드를 좀 쳐다보더니 갑자기 자기도 훌쩍거리기 시작했다. 2013년 한국문화사회학회 추계학술대회 발표자료집 중. 2013년 6월 15일 메이드 카페에서의 상황 메모

또한 사과하는 모습이 상당히 자주 포착된다. 물론 일반적인 식당이나 카페에서도 종업원이 손님에게 사과를 하는 경우는 왕왕 있지만, 이곳은 그 양상이 좀 다르다. 특히 음식의 경우 그러하다. '얼음 가득 메론소다'라는 메뉴를 시키면 컵에 정말 덩어리 얼음이 가득 들어차서 빨대를 꽂을 틈도 없고 입을 대고 마시기에도 얼음이 삐져나와 먹기가 힘들다. 그러고는 "얼음을 너무 많이 넣어 버렸어요 주인님. 죄송합니다"라고 말하며 울상으로 머리를 조아린다. 물론 사과도 엄지손가락을 입에 물고서 잔걸음을 뛰거나 하는 상당히 과장된 모습인 경우가 많다. 주문 메뉴의 대부분은 냉동 음식인 경우가 많은데 냉동 음식을 막 해동하여 아직 냉기가 남아있거나 딱딱한 경우도 상당히 많다. 일반적인 카페에서라면 큰일이 났겠지만 이곳에서는 손님들이 메이드의 머리를 쓰다듬으며 "괜찮아"라고 말해준다. 그러면 메이드들은 다시 웃으며 손님과 다시 대화를 이어나간다. 필자가 손님들에게 실수와 사과가 반복되는 메이드들에 대해서 어떻게 생각하냐고 물었을 때, "막 태어난 강아지들 같잖아요. 아니면 이제 막 물건을 짚어본 아기?", "뭔가 기특한 것을 하는 것 같아", "옷도 그렇고 뭔가 하이디 같아!" 등의 대답이 돌아왔다. 즉, 메이드 카페의 메이드들은 완벽한 형태의 '여급'으로서의 메이드들이 아니며 어딘가 어수룩한 메이드들이라고 할 수 있다. 하지만 어수룩함 또한 기상천외함과 과장됨 때문에 진짜가 아닌 연기되고 있는 것임을 쉽게 알 수 있도록 하지만 손님들은 그 연기에 대하여 '강아지', '아기', '기특함', '하이디' 등의 단어로 표현하여 호감을 나타내었다. 전반적으로 아직 성장 중인 미성숙한 대상이 성장을 거듭하는 것에 대한 만족감을 메이드들을 통해서 느끼는 듯했다. 이러한 상황은 앞서 말했듯이 자주 반복되지만 자신들이 지불한 금액에 비교한다면 믿기 힘들 만큼 관대한 처사를 보여주고 있었다.

메이드 카페의 메뉴. 여기는 과연 카페일까?

좌식으로 된 테이블에 앉게 되면 메이드가 다가와서 메뉴를 건네주고 기본 메뉴를 고르게 한다. 이러한 과정은 일반적인 카페에서의 과정과 크게 다르지 않다. 그런데 이곳에서 제공되는 음식들은 대부분이 냉동 음식이며 조합이 전혀 상상이 가지 않는 괴식들도 있다. 예를 들면 명란젓 토핑 초코 파르페와 같은 것들이다. 하지만 메뉴를 보면 단순히 음식이나 음료만 있는 것이 아니다. 어쩌면 음식은 그다지 중요한 메뉴가 아니라 보는 것이 더 타당할 것이다.

　메이드 카페에서 판매되는 메뉴들 중에 특이한 것들이 많은데 구체적인 내용에 있어서는 각 카페에 따라 조금씩 다르지만,

필자가 이번에 방문한 우에노의 메이드 카페에는 '함께 게임하기', '케첩으로 그림 그리기', '케이크 떠먹여드리기', '머리 빗겨드리기', '같이 폴라로이드 사진 찍기', '함께 노래하기' 등이 있었다. 이 모든 서비스들은 주인님 지금부터 무엇무엇을 하겠습니다란 말과 함께 시작되는데 가장 인기가 있는 것은 '머리 빗겨드리기'였다. 실제로 오픈 시간대의 한 손님은 1시간 동안 '머리 빗겨드리기' 서비스만 이용하고 나가는 손님도 있었다. 기본요금까지 하면 5000엔이 넘는 비용이다. 다음과 같은 상황도 있었다.

머리 빗겨드리기 서비스를 신청한 한 남성이 메이드가 머리를 빗는 중에 "혹시 강아지 키워?"라고 메이드에게 물었다. 메이드는 아니라고 답했고, "너의 집에 강아지가 있다면 그 강아지 분명 행복할 거야"라고 말했다. 메이드는 "강아지가 있다면 잘해줄 거예요"라고 답했고, 남성은 "이렇게 편안할 수 있으면 그냥 개가 되는 편이 좋을지도"라고 말하고 웃었다. 좀 웃고 나서는 무릎을 세워서 앉더니 "강아지가 바닥에 딱붙어서 사람들이 등이랑 머리랑 웃으면서 쓰다듬어 줄 때 그게 참 부러웠어"라고 말하였다. 2013년 한국 문화사회학회 추계학술대회 발표자료집 중. 2013년 6월 11일 메이드 카페에서의 상황 메모

기본적으로 손님들은 특정한 물질, 재화가 아닌 분위기, 감정 그 자체. 상호작용의 특정 패턴 자체를 구매하고자 하였다. 메이드 카페의 경우 요리와 음료 등은 양과 품질 모든 면에서 경제학적으로 터무니없이 효용이 낮은 품목들이다. 주문을 통하여 실행되는 상호작용에 구매자들은 호감을 나타내고 있었고, 도중에 눈물을 흘리는 등 자신의 깊은 후면을 공개할 만큼 스스로를 놓아버리는 경험을 하고 있었다.

과장된 메이드들의 연기와 대화, 메뉴 속의 서비스들 속에서 느끼는 일련의 감정 덩어리들은 구매자들로 하여금 심리적인 케어로서 느껴졌다. 특히 세분화되어 있는 메뉴들은 상호작용 자체를 상품화하였음을 상징적으로 보여주는 모습들이다. 특정 행위 하나하나에 가격을 부여하였고 실제로 적지 않은 사람들이 상품을 구매한다. 일반적으로 '머리 내가 빗겨 줄 테니 나에게 돈을 달라'라고 소리칠 수 있을지도 모르겠지만, 역으로 이야기하면 구매자들은 위와 같은 감정들을 느낄 기회가 희소하다는 것이 된다. 구매자들은 머리를 빗겨줄 때 '편안함', '따뜻함', '아늑함' 등을 표현하였고 그러한 감정은 단순히 이부자리나 침대에서 느끼는 감정이 아닌 사람으로부터 느끼는 감정이었다. 메이드들은 기본적으로 모든 손님에 대해서 15분 정도의 시간 간격을 두고 순환하며 손님에게 카페를 나가는 순간까지 단 한시도 메이드와 떨어져 있는 시간을 주지 않으며, 협업과 분업 속에서 손님의 모든 반응에 철저히 재반응한다. 메이드 카페 안은 잠들거나 하지 않는 이상에는 무관심이 존재하지 않는 공간이다.

메이드 카페는 인간관계에서 일종의 따뜻함이라고 가정할 수 있는 상호작용 자체를 극대화하여 연기하고 있는 공간이고, 또한 그것을 상품으로 구성하고 있는 공간이라고 볼 수 있다. 즉 그 공간 자체가 상품으로 판매되고 있는 것이다. 사람들은 상호작용을 위하여 그 공간에 돈을 지불하고 있었다. 메이드가 예뻐서? 메이드가 섹시해서? 그러한 이유가 아니다. 메이드의 연기를 보고 메이드와 함께 하고자 손님들은 돈을 내고 있었다.

위로의 공급과 수요

환상 속의 세계에서 이제 되돌아오자. 필자가 이 공간에서 위로라는 키워드를 도출하려고 했던 의도가 어느 정도 독자들에게도 공감이 되었을까? 메이드 카페라는 공간은 잘게 쪼개놓은 '전형적인' 위로의 패턴들을 모아둔 곳이다. 전형적이라는 표현이 딱 맞을 것이다. 세상에 존재할 수 있는 다양한 위로의 '상징'들을 나열하고 있는 곳. 그리고 이곳은 그것을 메뉴로 삼아서 제시하고 시간제 상품으로 고객들에게 제공하고 있는 곳. 손님들은 그곳에서 웃고, 떠들고, 울기도 하며 오히려 일상에서는 남에게 드러내어 보이지 못한 자신의 무대 후면을 드러내어 보이고 있었다. 또한 메이드 카페의 메이드들은 그 자신들이 어리숙한 존재로서 연기되고 있기에, 오히려 손님들에게서 위로라는 행위를 끌어내고 있었다. 어쩌면 손님들은 자신이 누군가를 위로할 수 있다는 경험마저도 이 공간을 통해서 교환하고 있는지도 모르겠다.

일본의 정부가 2011년에 발표한 '관광산업 미래 백서'는 힐링 비즈니스라는 조류가 일본 사회를 관통하는 중요한 사업 키워드가 될 것이라고 설명하며 산업의 비전을 설명하였다. 여기서 말하는 힐링 서비스의 모토는 "행복하지 않은 사회에 대한 좌절과 분노를 위로하고 안식을 제공하는 것"이다. 메이드 카페를 찾는 고객들도 어쩌면 위로를 찾아오는 이들이 아닐까? 그리고 기꺼이 비용을 지불하고 있는 것이 아닐까? 야노경제연구소의 2016년 보고서 발표에 의하면, 메이드 카페 시장은 1.7% 정도의 성장을 지속하고 있으며 2016년 당시 117억 엔의 시장 규모를 가지고 있었다. 1회 방문자의 객단가는 약 3,500엔 수준인 것으로 나타났다. 일본의 스타벅스 카페의 일반적인 객단가를 700엔 정도로 놓는 것을 감안할 때 그 5배에 달하는 금액이다.

하버드 대학의 경제학자 에드워즈 글레이저는 전미경제연구소에 발표한 혐오의 경제학이라는 연구에서 어떠한 감정과 심리, 충동 등도 그것을 자극하는 공급자들과 그 자극에 반응하고 싶은 수요가 끊임없이 존재하고 상호작용하고 있다고 밝힌 바 있다. 세상은 우리에게 끊임없이 혐오하라고, 분노하라고 자극을 공급하고, 세상 사람들은 과잉공급되는 혐오 속에 마약이 퍼져 나가듯 중독적인 수요자들이 되어간다. 글레이저가 주목했던 것이 혐오와 분노라면 필자는 여기에 위로라는 키워드를 넣어보고자 한다.

사회는 끊임없이 위로를 권유하고 위로가 필요하다고 말하고 힐링, 이야시癒し, 일본어로 힐링, 위로를 의미하는 말, 격려, 나에게의 선물을 찾아야 한다고 말한다. 수요자인 지친 일상 속 다수의 사람들은 위로의 정보들을 반복 소비하며 위로의 구독자가 되어간다. 위로는 마치 방정식 마냥 특정 요소들을 갖추면 얻을 수 있는 것처럼 느껴지기 시작하며, 더 나아가 위로는 반드시 무엇인가를 통하여 얻어야 하는 것으로 인식되어 간다. 위로받지 못하는 이들은 문제가 있는 사람들이며 안타까운 사람들이 되어 간다. 위로와는 크게 관계가 없던 것에도 '위로를 위해서'라는 라벨을 붙이고 소비한다. 위로에 대한 소비는 나의 마음을 건강히 하는 자기애의 하나로서 위치를 획득하고, 소비 학습을 통하여 수요자는 더 다양하고 구체적이고 효율적인 위로를 찾아간다. 소비문화학자 매크래켄이 모든 소비재는 문화적이라고 이미 지적하였듯이 모든 상품은 우리에게 위로로 인식될 가능성이 있으며 단지 그것이 좀 더 직접적인가 간접적인가의 차이만

이 존재한다.

2023년 한국에도 4개의 메이드 카페가 오픈했다고 한다. 마이클 샌델은 우리에게 "시장화된 사회"는 과연 건전한가라는 질문을 던진 바 있다. 하버마스는 "생활세계의 식민화"를 이야기하며 경제적인 효율성과 효용 추구의 논리가 우리들의 일상의 가치를 장악해가는 현대사회에 경고를 한 바 있다. 일본의 메이드 카페라는 현상은 어쩌면 우리들에게 위로가 존재하는 방식에 대해서 성찰하게 만들어주는 소재이지 않을까?

메이드 카페의 메이드들은
그 자신들이 어리숙한 존재로서
연기되고 있기에,
오히려 손님들에게서
위로라는 행위를 끌어내고 있었다.
어쩌면 손님들은
자신이 누군가를 위로할 수 있다는
경험마저도 이 공간을 통해서
교환하고 있는지도 모르겠다.

정훈

시인, 문학평론가. ㈜상지건축 대외협력본부 실장. 2003년 부산일보 신춘문예 문학평론 부문 등단. 평론집으로『사랑의 미메시스』와『시의 역설과 비평의 진실』, 시집으로『새들반점』이 있으며 그 외 편저『이은상 시선』을 비롯해 다수의 공저를 펴냈다. 마산에서 태어나 창원, 의령을 거쳐 중학교 2학년 때부터 줄곧 부산에 살고 있다. 「김지하 미학 연구」로 박사학위를 받았으며, 현재 인문 무크 지『아크』편집위원이다.

아무도 눈여겨보지 않는
자의 눈동자를
응시하는 눈

노인

기억이 정확하다면 나는 2018년 2월경 대청동에 있는 중앙성당에서 세례를 받았다. 그로부터 얼마 뒤 본당 신앙공동체인 '루르드의 마리아'란 이름의 레지오Legio Mariae. '마리아의 군단'이란 뜻에 가입해 매주 목요일 오전 7시부터 한 시간가량 모임에 꼬박꼬박 참석했다. 새벽 미사를 비롯해 평일 미사에는 별로 참석하지 않았지만, 일요일 오전 11시에 올리는 교중 미사에는 빠짐없이 참석했던 것으로 기억한다. 세례명은 성 보나벤투라1217~1274를 따서 보나벤투라라 스스로 지었다. 가톨릭 신자로서 본당에 미사를 올리며 신자로 '행세'하긴 했지만, 그 기간은 오래가지 않았다. 2020년 가을 무렵 미사 발걸음이 뜸해지기 시작해서 그나마 한 번도 빠지지 않았던 레지오마저 무단결석하게 된 것이다. 항만재개발과 관련한 업무를 맡고 나서부터였다.

대부님을 비롯해서 레지오 단장으로부터 여러 번의 전화 통화와 문자로 안부가 쏟아져 들어왔다. 때를 놓치면 영영 함께할 수 없는 것들이 있다. 새로운 업무를 맡고 나서부터 성당과 멀어지게 되었으니, 아마 그 무렵까지가 나와 성당 사이의 인연이었던 것 같다. 더러 함께했던 성당 교우들과 연락을 하거나 만나게 되면 이젠 아무렇지도 않게 그때를 얘기하곤 한다. 다행히 교우들도 그런 내 사정을 헤아려 주었다.

가장 죄송하게 생각했던 분은 주임신부였다. 세례를 받기 전 8개월간의 예비신자 교리 수업을 담당하셨기 때문이기도 하지만, 눈에 띄지 않으면서 유독 나를 따뜻하게 대해 주셨기 때문이다. 하루는 성당 인근에 자리한 허름하고 좁은 선술집에 혼자 들어갔다. 저녁이 다가오는 무렵이었다. 선술집은 문을 열고 들어서면 테이블 서너 개가 양편으로 갈라서 있고, 안쪽 마주 보이는 곳에 방처럼 별도의 공간이 있는 구조로 되어있었다. 안쪽 공간에서 성가대원으로 보이는 청년들이 왁자지껄하게 술을 마시고 있었다. 그들을 등에 지고 혼자 술을 마시다, 어느샌가 누가 내 어깨를 가만히 짚으며 "혼자 왔어요?"라고 했다. 뒤돌아보니 신부님이셨다. 높지도 낮지도 않은, 빠르지도 느리지도 않은, 적당한 높낮이와 속도를 지닌 음성의 신부님은 한동안 내 어깨에 올린 손을 그러쥐었다. 신부님과 나는 밖에서 담배를 물면서 대화를 나누었다. 자신은 조만간 다른 성당으로 발령받아 떠나게 된다는 것과 신앙생활 꾸준히 하라는 당부를 잊지 않았다. 성당 오는 일이 임무나 숙제가 되어서는 안 되며, 그런 의무감을 떨쳐버리고 마치 아침에 눈을 뜨면 물을 마시거나 씻는 일처럼 자연스러운 생활의 일부가 되어야 한다고 했다. 그는 나를 인자한 표정으로 물끄러미 바라보면서 내 세례명을 다시 한번 묻고는 성 보나벤투라의 일생을 잠시 읊조렸다. 아무도 보지 않고, 아무도 인정하지 않는 가운데서도 가야 할 길을 나서는 사람이 되기란 얼마나 어려운지, 그리고 자신이 35년 동안 신부로 있으면서 얼마나 많은 마음의 짐과 고통에서 허덕였는지 솔직하게 고백하였다. 영롱한 영혼도 육신이 만드는 욕망의 그늘에서 벗어나기란 얼마나 힘든 일인지 그와 나는 교감을 잠시 나누면서 각자 자리로 돌아가 앉았다.

그로부터 1년쯤 지난 바람 없는 가을 저녁 무렵 그 선술집엘 찾았다. 혼자였다. 삼종기도를 올리는 시간대였다. 종소리가 울리니 자연스럽게 그 시각이란 사실을 안다. 주점 출입문이 활짝 열려 있었다. 입구 쪽 테이블에 앉아 술을 주문했다. 이십여 분쯤 지나 여든 가까워 보이는 늙은이 하나가 조용히 들어와서는 두리번거리더니 바로 옆 테이블에 앉아 주문하는 소리를 들었다. 체구가 작은 노인은 아무 말 없이 막걸리를 마시고 있었다. 나도 혼자여서 말없이 소주를 마시며 스마트폰을 보고 있었다. 노인은 내 왼편을 바라보는 자리에 앉았다. 나를 줄곧 지켜보던 눈을 느낄 수 있었다. 주모가 처음 본 듯한 손님인 양 노인에게 어디서 왔느냐는 둥 이런저런 말을 붙였지만, 단답형으로, 이것저것 물어봐야 당신한테는 별로 해줄 말이 없다는 듯 건성으로 답했다. 나는 때를 기다려 담배가 들어 있는 주머니를 슬쩍 만지곤 잠시 밖으로 나와 담배를 피웠다.

매형

큰누나는 이십여 년 전 남편과 사별하고 지금의 매형과 살림을 차렸다. 이미 지적 장애가 있는 딸을 데리고 있었던 매형은 공동어시장에 있는 냉동창고에서 냉동된 참치를 분해하는 일을 하는 사람이었다. 누나와 매형은 어려운 살림 중에서도 서로를 의지하며 살았다. 어느 추운 겨울, 남구의 대학가 골목에서 궁해진 살림에 여기저기 변통할 방법을 찾다 하는 수 없이 나를 불러낸 누나와 만났다. 마치 산업화의 물결이 휩쓸 무렵의 구로공단에서 방금 튀어나온 듯한 여자가 시커먼 외투를 걸치고서는 이 도시의 거리가 너무 낯선 듯 어색하게 서 있었다. 나이보다도 이십 년 가까이 더 주름의 고랑이 팬 여자 얼굴에서는, 세상에 날 때부터 궁핍과 질병을 달고 나온 듯 황폐함을 익숙하게 매달고서 내게 말했다. "얼굴 한번 보고 싶었어. 어째 사는지도 궁금하고."

코로나로 온 세상이 난리를 치고 있을 때, 누나는 대학병원을 들락거리다 몇 년 전 치료를 받았던 유방암 세포가 뇌로 전이되어 손을 쓰지 못할 지경에 이르러 결국 세상을 등졌다. 돌아가시기 몇 달 전에는 모처럼 내게 전화를 걸어 밝은 목소리로 "신경 써줘서 고맙다. 이젠 괜찮다. 그러니 걱정하지 마"라며 오히려 내게 걱정을 내비치기도 했다.

누나의 부고 소식을 들은 건, 대통령이 부산에 내려와 관계자들에게 항만재개발사업 방향을 주문했던 2004년 무렵의 현장 영상을 모니터로 보고 있을 때였다. 대통령이 부산항 북항을 시민들이 부담 없이 드나들 수 있는 친수공간으로 개발할 필요가 있다고 말하는 도중, 매형한테서 문자가 왔다. "누나, 가셨네." 이 짧은 한 문장으로, 그동안 등을 무겁게 짓눌렀던 세상의 모든 고민과 설움들이 한순간 휘발되는 느낌을 받았다. 한 여자가 세상에 나올 때 덩달아 따라나섰던 검은 세계는 여자를 데리고 가면서도 여자에게 용서를 빌지 않았다. 여자는, 으레 그것이 삶이란 사실을 날 때부터 알았던 것처럼 울면서 나왔다 울면서 갔다. 여자와 함께 살았던 남자는 장례식장에서 한마디도 하지 않았다. 미숙했던 여자아이는 그새 훌쩍 커버렸으며 어머니가 웬일로 갑자기 보이지 않지, 하는 궁금한 표정으로 연신 식장을 둘러보았다.

용호동 오랜 주택가 마당이 딸린 조그만 집에 놀러 갔을 때가 생각났다. 매형과 누나와 여자아이, 그리고 나는 일요일 늦은 아침상에 둘러앉아 맛있게 밥을 먹었다. 매형은 냉장고에서 소주를 꺼내어, "얼마 만에 처남이랑 마셔보능가" 하며, 오륙도에서 낚시로 잡은 고기 얘기며 돌아가신 첫째 매형과 함께 일하던 때의 얘기들을 내게 들려주었다. 추임새를 넣듯 거들던 누나는 무엇이 행복한지 매형에게 술 모자라면 말하라고 하였다. 미지근한 응달이 낡은 집을 집어삼킬 듯 온통 감싸 안은 4월의 공휴일이었다. 술이 떨어져서 내가 일어나서 사 오려니, 매형은 잠자코 앉아 있으라며 슬리퍼를 끌고 마당을 지나 칠이 벗겨져 녹이 슨 청록색의 철제 대문을 열고 밖으로 나갔다가 잠시 뒤 활짝 웃으며 들어왔다. 남자는 누나가 가시고 난 며칠 뒤부터 참치 분해하는 칼을 다시 잡았다.

아무도 눈여겨보지 않는 자의 눈동자

노인은 아무 말 없이 술잔을 비우면서도 나를 유심히 바라보았다. 혼자 술을 마시는 사람을 유심히 바라보는 혼자 술을 마시는 사람. 제대로 된 안부도 전하지 않은 채, 도시 한복판에 모든 잎새를 떨궈버린 야윈 미루나무처럼 서 있던 누나를 영원히 가둔 채 나는 뒷걸음질을 쳤다. 누나의 삶은 비록 비참하고 참담했지만, 그 삶의 의미나 가치를 부정해서는 안 된다. 그러나 이 얼마나 낡아빠진 자기 체념인가. 굼벵이도 구르는 재주가 있다는 식의 말은 굼벵이의 존재가치를 인정하거나 끌어올리는 말이 아니라, 굼벵이의 실존적인 가능성과 가치를 끌어내리거나 얕잡아보면서 그렇게 말하는 자신의 위신을 추켜세우는 무의식적인 자기 위로가 아닐 것인가. 창백한 겨울나무처럼 누나는 내게 앙상한 흑백의 이미지로만 남아 있다. 속으로만 돌돌 말려버려 목구멍에 찌꺼기처럼 달라붙은 비명이며, 시원하게 내지르지 못해 탄식처럼 혓바닥으로만 궁근 잿빛 속엣말이었다. 언젠가 용호동 집에 찾아갔을 때, 지적 발달 장애를 앓았던 아이가 사회생활을 위해 단순 업무를 가르친다는 시설에 들어간다는 말이 생각나 근처 지나는 길에 며칠 전 매형한테 물어 알아낸 발달 장애 복지 센터 비슷한 곳에 시간을 내 찾아갔다.

초등학교 갓 입학할 무렵에 처음 보았으니 20년이 훌쩍 지났다. 그 사이 대여섯 번 보기는 했지만, 아이는 표정 없는 얼굴에 말 한마디 꺼내지 않았다. 그렇다고 청각장애가 있는 건 아니었다. 표정을 유심히 살피면 사람이 하는 말을 알아듣는 듯했지만,

말하기가 어려운지 내내 입을 다물다가 아주 가끔 옅은 웃음으로 기분을 드러내던 조카였다. 벽에 각종 인쇄물이며 캐비닛이 복잡하게 뒤엉켜 있는 사무실에 들어서니 조카에게 이것저것 설명을 하는 듯한 센터직원으로 보이는 중년의 아주머니가 나를 보더니 잠시 자리를 비켜주었다.

나는 거의 서른이 다 된 조카아이에게 내가 누구인지 기억하냐고 물었다. 아이는 아무 말 없이 가만히 있었다. 아마 내 기억을 떠올리는 듯했다. "일은 할만하냐", "밥은 잘 챙겨 먹느냐", "어디 아픈 데는 없냐"는 별 의미 없는 안부를 건넸지만 아이는 다소곳하게 나만 바라볼 뿐 입을 열지 않았다. 하고 싶은 말이 많은 눈이었지만 입을 놀려 말을 꺼내는 일이 의지대로 되지 않았는지, 주위를 가끔 두리번거리면서 때로는 내 눈을 쳐다보곤 꼭 해야 할 말이 있는 사람처럼 간절한 눈짓을 보냈다. 나는 엄마는 좋은 곳에 갔으니 너무 걱정하지 말라 이르고는 일어나려고 했다. 그때 조카가 무릎 위에 줄곧 손으로 가리고 있던 종이를 내게 보여주었다. 종이에는 다음처럼 적혀 있었다.

"삼촌, 옛날 처음 엄마를 만나고 얼마 지나 삼촌이 선물로 준 공책과 연필 고맙습니다. 엄마는 삼촌을 참 좋아했습니다. 저도 삼촌이 좋았습니다. 엄마는 삼촌 걱정을 많이 했습니다. 저도 걱정을 많이 했습니다. 건강하게 지내야 합니다. 고맙습니다."

갓 글을 배운 것처럼 삐뚤삐뚤한 글씨로 써 내려간 글을 읽고 아이에게 손 흔들며 나왔다. 조카가 응시하는 내 뒤통수를 매만 지며 버스를 타고 성당 근처에 있는 그 선술집으로 찾아갔던 것 이다. 줄곧 말이 없던 노인이 마침내 입을 열었다.

"거 혼자 온 모양인데, 젊은이랑 나랑 자리도 가까우니 서로 합석이라도 했으면 하네만, 어떤가."

더러 술자리에 혼자 와서, 또한 혼자 온 손님한테 합석 제안 을 몇 번 받기는 했지만, 노인의 제안에는 거역할 수 없는 힘이 있었다. 낮고 온기가 전해오는 포근한 말투였다. 나는 무엇에 이 끌린 듯 술잔을 들고서는 노인이 앉은 테이블에 노인과 마주 앉 았다. 비로소 정면에서 바라보는 노인의 얼굴은 마치 선경仙境 에서 온 듯한 온화한 표정의 눈매가 깊은 늙은이였다. 나는 술을 한 잔 건네고는 이곳 부산이 고향이냐며 지나가는 투로 물었다. 잠시 뜸을 들이던 노인이 마침내 입을 열었다. 노인이 조금 길게 말한 내용을 정리하면 다음과 같다.

마음을 내려놓고 용서하면 진정한 위로가 사방에서 전해 온다

해방되기 1년 전에 동광동 일대에 나서 전쟁을 거쳐 고아가 되었다. 부모님은 상점을 운영했는데, 전쟁통에 어쩌다 재산을 탕진하고 모친은 병이 들어 열 살 무렵에 돌아가셨다. 부두하역 일로 두 동생과 자신을 키우던 아버지마저 하역 도중 사고로 돌아가신 것이었다. 졸지에 두 동생을 거느린 고아 가장이 된 자신의 처지가 한스러워 집을 나와버렸다. 노인은 이때가 자신의 일생에서 가장 후회스러웠다고 했다. 중학교 진학할 형편이 못돼 초등학교 졸업을 몇 달 앞둔 이른 새벽에 무작정 걸어서 포항까지 갔다고 했다. 동생들한테는 "돈 벌어서 돌아올게"란 메모만 남겼다.

　포항이라는 낯선 도시에서 별의별 수단과 고생을 마다하지 않으며 생계를 유지했던 그는 어찌어찌하여 여자를 만나 결혼을 했으며, 자식들도 두었다. 배도 한 척 장만하여 잡아 온 물고기를 시장에 내다 팔아 비록 큰돈은 아니지만 집도 장만해 그럭저럭 살았단다. 고향에 두고 온 동생들 생각에 하루에도 몇 번씩 돌아가려는 마음 굴뚝 같았지만 그러지 못했다. 죄책감이 쌓이다 보면 어느새 죄책감은 무뎌지곤 했다. 간혹 일 때문에 부산에 다녀가더라도 이 동네에는 발길을 돌리지 않았다. 하지만 사람 마음이 어디 그런가. 자식들 다 키워놓고 마누라마저 보낸 지금, 돌이켜보면 언젠가 한 번이라도 들르지 않으면 크게 후회할 것 같아서 큰맘 먹고 들렀다. 이 선술집이 그가 나고 자란 곳이었다. 그래서 들어올 때 집 구조가 어떻게 변했는지 둘러본 것이다. 오래되어 가물가물하지만 크게 변하지 않은 것 같았다.

젊은 양반, 나는 용서를 빌려고 온 것이네. 하루아침에 형을 잃은 가여운 동생들과, 부모님이 나를 낳아 길러주신 이곳에 내 한스러운 마음의 짐과 함께 진정으로 용서를 빌려고 온 것이라네. 아무에게도 위로받을 자격과 면목이 없다는 사실을 평생토록 가슴에 이고 살아왔다네. 하지만 그런다고 내 마음이 편할 리 만무하지. 죄책감에 시달리다 보면 어느새 그 죄책감마저 무뎌진다네. 싸늘하게 굳어버린 가슴을 덥혀 줄 따뜻한 말 한마디가 그리도 그리울 수가 없었다네. 그런데 나는 문득 깨달았어. 아까 들어올 때 낡아 퇴색했지만 마치 부모님처럼 나를 정겹게 안아 주던 이 골목과 집들이 예전 기억대로 고스란히 남아 있었다네. 이젠 평생을 괴롭혔던 죄책감과 불안감에서 나 자신을 놓아주기로 했지. 생각에 빠지다 보면 없던 세계도 만들어 내니까 말이야. 마음을 홀가분하게 내려놓고 자신을 용서하려니, 그동안 보이지 않았던 위안의 표정들이 보이기 시작했네. 수심 많은 젊은이, 사람이 아무리 힘들어도 바닥에 평생을 눌러앉으며 짓밟혀 살아온 잡초들만큼이야 하겠나. 자, 어서 한잔 들게.

노인은 지그시 나를 바라보고는 잔을 청했다. 그새 선술집 주인은 작년에 부임 받아 떠난 주임신부님 몸이 많이 불편하시다며 걱정하였다. 참치를 가르며 누나를 위로했던 매형의 굳게 다문 입을 떠올렸다. 어려운 처지의 조카는 몇 번 보지도 않은 삼촌을 걱정했다. 나는 어느덧 술잔을 연거푸 비우고는 휘청거리는 다리를 끌고 밖으로 나왔다. 여러 번 왔지만, 한 번도 보지 못했던 돌담 사이에 난 질경이가 달빛에 몸을 맡기고서는 흔들렸다. 바람에 흔들리는 건지 갑자기 들이친 내 존재로 말미암은 공기 흐름 때문에 흔들리는 건지, 그것은 마치 오래전부터 나를 주시하고 있었던 따뜻한 눈동자처럼 내 심신을 가만 어루만지고 있는 것처럼 보였다.

"누나, 가셨네."
이 짧은 한 문장으로,
그동안 등을 무겁게 짓눌렀던
세상의 모든 고민과 설움들이
한순간 휘발되는 느낌을 받았다.
한 여자가 세상에 나올 때
덩달아 따라나섰던 검은 세계는
여자를 데리고 가면서도
여자에게 용서를 빌지 않았다.
여자는, 으레 그것이 삶이란 사실을
날 때부터 알았던 것처럼
울면서 나왔다 울면서 갔다.

손택수

1970년 전남 담양에서 태어나 부산에서 성장기를 보냈다. 1998년 한국일보(시)와 국제신문(동시) 신춘문예에 당선되면서 작품활동을 시작했고 지은 책으로 시집 『나무의 수사학』 『목련전차』 『떠도는 먼지들이 빛난다』 청소년시집 『나의 첫 소년』 등이 있다. 오장환문학상, 노작문학상, 신동엽문학상, 오늘의젊은예술가상, 임화문학예술상 등을 수상하였다.

나를 위로하는
사물과 음식과
시

도구와 명명

외가댁이 팔린다고 하였다. 전화기 너머 어머니의 음성엔 뒤란
의 대나무 울타리를 스치는 심란한 바람이 묻어 있었다. 봄이면
감꽃잎을 엮은 목걸이를 만들며 놀던 아이는 사립문을 열고 나
와 읍내로 이어진 버스를 타고 어디로 갔을까.

　주인이 바뀌기 전에 집과 이별의 예식을 치르는 것이 예의일
듯싶어 모친과 함께 귀향을 하였다. 외할머니 가신 뒤로 관리하
지 못한 집은 오래전에 폐허가 되어 있었다. 과거의 영화를 상징
하는 너른 마당엔 이웃들이 들고나면서 말리는 농산물이 어지
럽게 흩어져 있어서 주인을 잃은 집을 더 을씨년스럽게 하였다.

어머니의 할머니와 나의 외할머니 그리고 어머니의 형제들이 모계의 전통을 따라 아침저녁으로 거울이라도 닦듯이 정갈하게 걸레질을 하던 툇마루에도 먼지가 켜켜이 쌓여 있었다. 마당귀 한쪽의 농기구를 보관하던 헛간은 곧 무너질 징후가 가득했다.

역시 괜한 걸음을 했나 싶었다. 그래도 차마 쉬 발길을 돌리지 못한 채 엉거주춤하게 서 있는데 길차게 뻗어 오른 잡풀을 헤치고 헛간으로 들어가신 어머니에게서 이내 나지막한 신음이 새어 나왔다. 그 신음은 어려서부터 내가 잘 알고 있는 어머니 특유의 울음이 섞인 기쁨의 신음이었다. 낮게 절제된 그 소리가 들려올 때 나는 어머니의 전체가 그 어떤 이해나 판단의 영역을 넘어서서 거의 동시적으로 반응하고 있다는 것을 알고 있다. 가령, 고교 시절 몇 달간의 가출 뒤에 돌아온 나를 어머니는 아무런 말도 없이 예의 방금 전의 그와 같은 신음과 함께 안아주었던 것이다.

헛간에서 나온 어머니의 손엔 작은 의자가 들려 있었다. 마치 의자가 잃어버린 어머니의 손을 잡고 있는 듯하였다. 나는 그 자세를 누구보다 잘 알고 있었다. 한여름 해변의 여름파출소에서 손을 놓친 어머니를 기다리고 있던 아이의 모습이었다. 고아가 될 줄도 모른다는 공포감으로 겁먹은 아이에게 사형선고를 내리듯 다가오는 저물녘을 뚫고 나타난 어머니와의 재회는 이산가족의 상봉과 같은 감격이 아니고서는 설명할 수가 없다.

어머니의 손을 잡고 나온 의자는 의로서의 용도를 잃어버린 유아용 의자였다. 농기구들과 온갖 잡동사니들 사이에 파묻혀 있던 의자는 거미줄을 걷고 먼지를 쓸어내자 반백년 망각을 통과한 자의 위의를 드러냈다. 헐겁게 튀어나온 못과 부실하게 흔들리는 다리, 금방이라도 부서질 듯 썩은 등받이는 몰락의 징후가 뚜렷하였으나 그 위에는 멀리 도회로 밥 벌러 떠난 어머니와 아버지를 기다리던 소년이 아직 앉아 있었다.

'너희 아버지가 경부고속도로 공사장에서 주워온 자재로 만들었지. 땅바닥에 앉지 말고 의젓하게 의자에 앉아서 놀라고 만들어준 거야.'

어머니 말씀을 따르자면 그 낡은 의자는 아버지가 직접 못질을 하고 사포질을 한 의자였다. 어머니는 그날의 일을 세세히 기억하고 있었다. 톱질을 하는 사위에게 외할머니께서 내온 음식이 수박이었다는 것과 공구함을 든 막내 외삼촌이 그 곁을 조수처럼 지키고 있었다는 사실을 들려주며 새록새록 살아나는 기억에 새삼 경이로워 하고 있었다. 말하자면 아버지의 땀과 근육을 기억하고 있는 의자는 단순한 도구가 아니었다. 그 나뭇결은 아버지의 지문이었고 못은 아버지의 손에 박혀 있던 굳은살이었다. 의자의 골격이 아버지의 뼈마디처럼 다가왔다. 등받이는 아버지의 너른 등짝이었다.

마땅한 놀이 기구가 없을 때면 나는 그 위에서 따그락따그락

말발굽 소리를 내며 용을 무찌르는 중세의 기사가 되곤 하였다. 어느 날은 돈키호테의 로시난테를 타고 풍차를 향해 돌격하였다. 충실한 부하로서 늘 곁을 지키길 게을리하지 않던 강아지 누렁이가 틀림없이 산초 판자의 역을 맡았으리라. 갸우뚱한 얼굴로 나의 모험을 함께한 헛간의 쇠스랑과 호미와 빗자루는 『이상한 나라의 앨리스』에 나올 법한 판타지의 벗들로 바뀌었다.

나는 그들에게 즐겨 이름을 지어주었다. 누가 가르쳐 주었는지 알 수 없으나 이름을 짓는 놀이는 적적한 시간을 달래기에 참으로 안성맞춤인 놀이였다. 쇠스랑을 빗으로, 호미를 할머니로, 빗자루를 효자손으로 새로 명명해 주고 그들 사이에서 이야기를 만들어내는 즐거움과 함께 나는 스스로 나를 위로하는 방법을 찾아냈는지도 모른다.

그 모든 과정을 함께한 것이 의자였다. 의자에게도 물론 이름은 있었다. 남동생이 있었으면 했던 내게 의자는 어머니가 유산을 한 아이였다. 나는 아이의 이름을 '보리'라고 지어주었다. 왜 보리였을까. 기억엔 없으나 외가에서 짓던 보리밭과 보리피리를 불러주던 외삼촌의 영향 때문이 아니었을까. 아니, 어쩌면 하염없이 불어가는 보리밭가에 서서 신작로 너머로 떠나간 사람들을 기다리던 저물녘의 풍경 때문은 아니었을까.

이름을 갖게 된 사물들은 함부로 할 수 없다. 『이상한 나라의 앨리스』의 2탄 『거울나라의 앨리스』에서 붉은 여왕의 식탁에 초대된 앨리스에게 양고기가 나오자 여왕이 말한다. "쑥스러워 말아요. 이쪽은 양고기에요. 양고기야, 이쪽은 앨리스란다." 그러고 나서 앨리스가 평소의 습관대로 양고기를 자르려 하자 여왕은 격노하며 급하게 소리친다. "안돼요! 소개받은 상대를 자르는 것은 예의가 아니에요."

그렇다. 먹을 수 없는 것과 먹을 수 있는 것의 구별엔 인간과 비인간의 대립이 있다. 사물화된 비인간만이 실용성을 토대로 소비된다. 물건으로 분류된 동물은 결코 의인화되지 않으며, 얼굴과 이름이 없는 모습으로 상징 세계에 등장한다. 의인화되는 비인간은 먹을 수 없는 대상이다. 물건이나 기호가 아니다. 비인간을 소비 대상으로 대할 때 사람 역시 그렇게 될 수 있다. 인간이든 비인간이든 함부로 자를 수 없는 소개받은 상대로 환대하는 것이 얼굴을 지닌 명명의 세계다.

보리는 그렇게 내게로 다시 왔다. 아버지도 외할머니도 가신 뒤의 일이었다. 깊은 상실감으로 우울증을 앓던 나는 더는 앉을 수 없는 낡은 의자를 선친의 유일한 유품으로 간직하고 있다. 지친 하루 현관문을 열면 보리가 나를 기다리고 있다. 반백년 전의 그 소년처럼. 더는 앉을 수 없어 용도가 다한 사물이 나의 육친이 된 사연이다.

음식과 고백

쌀통이 바닥을 드러내면 어머니의 공기 그릇엔 항용 식은 밥이 담겨 있었다. 쌀통이 가득 찬 게 언제였는지 모르겠다.

"엄마는 왜 맨날 식은 밥만 먹어?"

몰라서 한 질문이 아니었다. 못 본 척 수저질을 하는 아버지가 들으라고 한 볼멘소리였다. 아버지는 당시 노름과 술에 빠져서 집안 살림엔 거의 무관심으로 일관했다. 육성회비를 내기 위해 주인집에 쩔쩔매며 돈을 빌리러 갈 때마다 마치 남의 집 일 구경하듯 쯧쯧 혀를 차며 먼산바라기나 하고 있던 위인이 바로 당신이었다.

"응, 나는 식은 밥에 물 말아 먹는 게 제일 맛있더라."

나는 고개를 숙이고 묵묵히 밥알을 으깨다가 그날 아침도 밥을 남겼다. 오랜 묵계처럼 누이들도 밥그릇을 다 비우지 않았다. 눈치는 있으셨던지 아버지도 아쉽다는 듯 수저를 놓았다. 식은 밥이 있어야 저녁엔 밥국을 끓일 수 있었기 때문이다.

그랬다. 쌀이 떨어져서 수제비나 칼국수 같은 밀가루 음식도 지겨워질 때면 어머니는 밥국을 끓여 내놓으셨다. 언뜻 국밥을 잘못 발음한 것이 아닌가 싶은 밥국은 식은 밥을 곤죽이 될 때까지 끓여서 국과 거의 유사한 상태로 만든 음식이었다. 묽기로 따지면 죽이나 미음에 더 가까웠지만 김치나 시래기, 콩나물을 넣어서 국밥의 흉내를 낸 요리였다. 아닌 게 아니라 밥알과 일심동체가 되어 풀어진 섬유질을 한 술 뜨면 장날 할머니 손을 잡고 간 장터에서 먹던 국밥 맛이 나는 것도 같았다.

밥알의 형체를 알아볼 수 없을 정도로 뭉근하게 끓인 밥국은 식은 밥 한 공기를 세 공기쯤으로 부풀려 놓았다. 식은 밥 두 공기면 우리 다섯 식구가 모처럼 국밥 외식을 한 것 같은 포만감을 느낄 수 있었고, 손님이라도 오는 날이면 손님 몫까지 요령껏 뚝딱 차려지곤 하였으니 마술이 따로 없었다. 밥국은 어머니의 오병이어였다.예수가 떡 5개와 물고기 2마리로 5천 명을 먹였다는 기적적인 사건

밥국은 그러나 국밥이 아니었다. 언뜻 보기엔 그릇을 듬직하게 채워서 깊은 신뢰감을 주었지만 배를 두드리며 돌아서면 얼마지 않아 뿌듯하던 배가 쏙 꺼지고 마는 치명적 약점이 있었다. 풍선 바람 빠지듯 배가 꺼지면 허무하기 짝이 없었다. 밥국의 비애였다. 밥으로 공갈이라도 쳐서 시장기를 속여야 했던 그때, 어머니는 서둘러 잠자리를 깔았다. 공갈이 탄로 나면 뾰족한 대책이 없었기에 자지 않겠다고 떼를 쓰는 누이들에게 회초리를 드는 날도 있었다.

쉽게 허기가 찾아온다는 단점에도 불구하고 나는 밥국을 유별나게 좋아하는 아이였다. 공동수도와 공동 화장실, 처마와 처마 사이로 난 좁은 골목길을 공동 마당으로 쓰던 산동네 마을의 어머니들은 누구나가 밥국을 끓였는데 집집마다 그 맛들이 천

차만별이었다. 어느 집에선 라면 스프를 풀었고, 어느 집에선 신 김치 국물로 맛을 냈으며 또 어느 집에선 도무지 짐작을 할 수 없는 재료들로 경탄스러운 맛을 창조했다.

저녁때가 되면 나는 친구들 집으로 밥국 순례를 떠났다. 우리 집의 양식을 조금이라도 아끼려는 속내가 있었지만 실은 저마다 다른 밥국 맛을 즐기기 위한 식도락 기행에 가까웠다. 다음 날은 친구가 우리 집으로 저녁 마실을 와서 버티고 있었기에 가난한 산동네 아이들의 식도락은 언제나 공평한 편이었다.

학교를 마치고 친구와 함께 집으로 가는 길에 있던 시장을 통과하던 어느 날이었다. 상인들이 길바닥에 내다 버린 시래기 잎을 줍고 있는 허름한 차림의 아주머니가 보였다. 거리가 있었으나 시래기 잎은 행인들의 발에 밟히고 장바닥의 흙먼지가 묻어서 한눈에도 불결하기 짝이 없었다. 아주머니는 등에 업혀 졸고 있는 아기가 포대기 아래로 흘러내리는 걸 연신 추켜올리면서 장바구니를 채우고 있었다. 장사에 방해가 되니 저리 좀 비켜라고 삿대질을 하는 상인 앞에서 연신 고개를 숙이기도 했다. 나는 얼굴이 벌게져서 얼른 고개를 돌렸다. 이럴 때 소독차라도 지나가면 좋을 텐데…

평소에 가지 않는 쪽으로 급하게 방향을 바꾼 이유를 따져 묻는 친구에게 그날 나는 괜히 심술을 부렸다. 시장을 통과하면 지름길인 것을 왜 굳이 둘러서 가야 하는지 설명을 하다가 지쳐서 버럭 화를 내고 급기야 뚝뚝 눈물을 쏟고 말았다. 친구는 영문을 모르고 고개를 절레절레 저었다. 친구가 어머니를 알아보지 못한 것이 내심으론 다행이다 싶었다. 아니, 나는 어머니가 나를 알아보았으면 어쩌나 하는 불안을 떨쳐버리지 못하고 있었다.

삶이 식은 밥만 같을 때 죄책감 때문에 한동안 멀리했던 밥국을 끓인다. 오랫동안 굴풋한 가계를 지켜준 밥국 앞에 서면 시장기가 울컥, 하고 몰려온다. 어머니는 그때 정말 나를 보지 못했을까. 이 허기는 용서와 그리움의 다른 이름이다.

"음산한 내일의 예측에 풀죽은 나는, 마들렌의 한 조각이 부드럽게 되어가는 차를 한 숟가락 기계적으로 입술로 가져갔다. 그런데 과자 부스러기가 섞여 있는 한 모금의 차가 입천장에 닿는 순간 나는 소스라쳤다. 나의 몸 안에 이상한 일이 일어나고 있는 것을 깨닫고, 뭐라고 형언하기 어려운 감미로운 쾌감이, 홀로, 어디에서인지 모르게 솟아나 나를 휩쓸었다. 그 쾌감은 사랑의 작용과 같은 투로, 귀중한 본질로 나를 채우고, 곧바로 나로하여금 삶의 무상함을 아랑곳하지 않게 하고, 삶의 재앙을 무해한 것으로 여기게 하고, 삶의 짧음을 착각으로 느끼게" 하는 것이다. 로버트 프로스트, 김창석 역, 『잃어버린 시간을 찾아서1』, 국일미디어, 66

프로스트에게 마들렌 과자 한 조각은 '기계적'인 습관이 작동하는 음식으로서의 대상으로부터 소스라치는 영혼의 경험을 하게 한다. 삶의 무상함과 재앙과 유한성으로부터 나를 구원하는 영혼의 음식. 밥국은 내게 고백을 하게 한다. 상처와 위선과 내 안의 숱한 부끄러움을 마주하게 한다. 그것이 나를 구원하는 힘처럼 느껴질 때가 있다. 나의 밥국엔 국밥은 알 수 없는 어머니의 사랑과 눈물이 있다.

그리고 시

이십 대부터 30년 가까이 시를 썼으나 누가 대표작이 무어냐고 물으면 할 말을 잃게 된다. 삼십 대 중반부터 각종 문예지 신인상과 신춘문예까지 20년 가까이 심사위원 노릇을 하고 있으나 배출한 대표적 시인이 누구냐고 물으면 딱히 떠오르는 이름이 없다. 여러 대학과 사숙을 전전하며 시 강의를 하였으나 이렇다 할 제자나 후배 문인도 없다. 수백 종의 책을 기획하고 출간한 출판업자로서도 내놓고 꼽을 만한 책을 찾기 힘들다. 그런 나를 위로해 주는 시가 있다.

일을 덜어주는 어떤 기계도

월트 휘트먼

일을 덜어주는 어떤 기계도,

어떤 물건도 나는 발명하지 못했다,

병원과 도서관을 세우는 막대한 유산도

나는 남기지 못하리라,

아메리카를 위한 어떤 무훈武勳의 추억도,

문학적인 성공도, 지성도, 책장을 장식할 어떤 책도,

나는 남기지 못하리라,

다만 대기 속을 떨어 에이는 노래를 남길 뿐,

친구들을 위하여, 애인들을 위하여.

출전이 정확하지는 않으나 신동집 시인이 옮긴 시다. 자신이
남긴 유일한 시집『풀잎』이 세계시선의 으뜸 자리를 차지할 작
품임을 그가 알았더라면 이런 시를 쓰지는 못했을 것이다. 더군
다나 이 시집이 초기 미국 민주주의의 이상을 설계한 작품으로
평가받을 역작임을 알았더라면 더욱 그러하였을 것이다. 어쩌
면 시인으로서 절망의 끝에서 "다만 대기 속을 떨어 에이는 노
래"를 친구들과 애인들을 위하여 부를 수 있다는 사실만으로도
축복으로 여길 줄 알았던 시인을 생각하면 특별히 하는 일 없이,

무엇인가 딱히 성과나 기대할 만한 주목의 대상이 되지 못하고 서성이는 것 역시 참으로 우주적인 사업이 아닌가 한다. 그냥 여기 가만히 서서 대기 속을 진통케 하는 숨결을 내쉴 수 있다는 것만으로 그것은 충분히 가치 있는 일이다. 휘트먼에 이어 이슬람 신비주의 시인 루미의 시구를 되짚어도 본다.

"그대는 대양에 떨어진 한 방울의 물방울이 아니다. 그대는 하나의 물방울로 이루어진 대양이다."

삶의 무상함과 재앙과 유한성으로부터
나를 구원하는 영혼의 음식.
밥국은 내게 고백을 하게 한다.
상처와 위선과 내 안의 숱한 부끄러움을
마주하게 한다.
그것이 나를 구원하는 힘처럼
느껴질 때가 있다.
나의 밥국엔 국밥은 알 수 없는
어머니의 사랑과 눈물이 있다.

이승헌

동명대학교 실내건축학과 교수이다. 공간복지 콘텐츠 관련 디자인 기획에 관심
이 많으며, 최근에는 학교 건축 및 유아 체험 공간 디자인 개발에 참여하고 있다.
부산의 도시와 공간 관련 저술 활동 및 강연을 지속적으로 진행하고 있다. 저서
로는 『공간에 반하다』 『하우징디자인핸드북』 『부산 속 건축』 『마흔에 살고싶은
마당있는 집』 『101가지 부산을 사랑하는 법』이 있다.

그늘

어릴 적부터 나무를 유독 좋아했다. 무성한 나뭇잎 사이로 떨어지는 찬란한 빛줄기가 신비롭기도 하였지만, 그보다 나무에 대한 애착이 더욱 컸던 이유는 울창하게 드리운 그늘 때문이었다. 땡볕이 이글대는 순간에 만난 나무의 그늘 품은 얼마나 넉넉하였던가. 청량한 물 한 모금 같은 나무 그늘은 호흡을 가다듬을 수 있는 쉼터가 되어 주었다. 거기서는 보이지 않던 주변 세계를 다시금 만나게 된다. 피부에 살랑이며 스치는 바람이 느껴지고, 저 멀리 청아한 새소리의 음색이 들리고, 분주히 움직이는 땅 위 곤충들의 모습도 보인다. 그늘이 선사하는 이런 마음의 여유는 그 자체로 위로가 된다.

유사한 경험의 기억은 소쇄원 광풍각光風閣 툇마루에서였다.

들어열개문을 열어젖힌 한 칸 방의 정자는 세상 모든 것이 드나드는 문지방이었다. 휘감아 지나는 바람과 빛은 손에 잡힐 듯 촉각적이었으며, 군락을 이룬 대나무숲의 서걱임과 작은 자갈을 때리며 흐르는 냇물의 재잘거림은 살갑게 다가왔다. 인공 그늘에 걸터앉은 수십 분의 시간은 내면으로의 몰입이었으며, 동시에 외연으로의 확장이었다. 자연과 건축물과 나의 경계가 흐릿해지는 물아일체物我一體의 순간이었다. 급기야 이런 풍경을 지어서 누린 선조의 걸음걸이에 빙의하여 천천히 거닐며 마음결을 다독여 본다. 좋은 기운을 담은 인공 그늘정자 역시 위로가 된다.

최근 어느 디자이너의 혜안慧眼에서 위로에 대한 또 다른 정의를 보았다. 정신과 의원 인테리어 디자인에 있어, 내원한 환자의 모습이 제대로 식별되지 않도록 입구 통로의 조도를 극강으로 낮추었다. 밤새 고통스러웠던 초췌한 표정을 접수 간호사조차 명확히 알아보지 못하게 배려한 것이다. 10m 어둑한 통로를 지나는 동안, 그늘 공간은 나지막이 다독이며 걸음의 무게를 조금이라도 덜어주고 있다. 약한 마음을 안고 들어서는 이에게 이 통로는 나무의 그늘 품이요, 광풍각의 문지방이 되어 준다. 때로는 이런 어둑한 그늘 복도가 그 어떤 말보다 따뜻한 위로의 매개체가 된다.

우리는 누구나 잠시 쉬어갈 수 있는 그늘을 그리워한다. 경쟁의 시대에 경주마와 같이 앞만 보고 달리는 이들도, 삶의 무게에 짓눌려 비틀거리는 이들도, 세상을 다 가진 듯 떵떵거리며 사는 이들도, 누군가를 보살피며 자신의 에너지를 소모하는 이들도 그늘은 필요하다. 버거운 일상을 살아내느라 지친 우리 시대의 모든 나그네들에게 어떤 형식이 되었건 잠시 머무를 그늘은 필수템a must have이다. 그늘은 여백이며, 호흡이며, 화해이며, 회복이다. '위로'를 군이 정의하자면, 직면하는 문제들에 대한 해결책을 단박에 내놓지는 않지만, 곁을 내어주고 같이 있는 것만으로도 마음이 가벼워지는 그런 '그늘'과 같은 것이 아닐까.

그늘은 그림자와는 다르다. 그림자는 광원 반대편에 생기는 어두운 부분을 말하지만, 그늘은 빛과 어둠이 공존하며 주변의 여러 기운들과도 교우하는 영역이다. 그러니 그늘을 단순히 어둠이라 치부할 수 없다. 어둑해 보이지만 빛도 함께 머금고 있다. 어둠이면서 동시에 빛이고, 빛이면서 어둠인 것이 그늘의 속성이다.

그래서 그늘은 음陰과 양陽이 상호 순환되면서 생동의 바람길을 낸다. 활동이면서 동시에 쉼이고, 날숨이면서 동시에 깊은 들숨이다. 양이 없이 음이 없고, 음이 없이 양의 존립은 불가능이다. 그럴진대, 우리의 일상이 오로지 양으로만 이루어진다면 얼마나 피곤하겠는가. 아무리 좋아 보여도 양으로 가득한 세상에서는 지치기 마련이다.

무작정 양은 우월하고 음은 열등하게 여기는 관점은 옳지 않다. 오히려 양을 더욱 빛나게 하기 위해 음은 상시 작동해야 할 균형추와 같은 것이다. 그렇기에 의도적으로 그늘을 확보해야 한다. 양의 영역에 장시간 노출되어 번아웃 되지 않으려면 음의 시간, 음의 장소를 반드시 챙겨야 한다. 자신을 온전히 회복하기 위해 항시 돌아가야 할 근원적 처소가 음의 영역이요, 곧 그늘이다. 이런 맥락에서 그늘은 하이데거가 말하는 존재의 본향이다. '대지에 뿌리를 박고 하늘에 자신을 열고 살아갈 때 영혼은 아늑함을 느낀다.'는 본향의 속성은 그늘과 동질적 특성이다. '고향 상실'의 불안정 상태에 빠지지 않고 영혼의 아늑함을 누리기 위한 가장 근본적 전제는 자신만의 그늘을 확보해야 한다는 사실이다.

그런데 그늘은 스스로 자체 충족이 되지는 않는다. 그늘은 태생적으로 이타적 성향을 띠고 있다. 아무리 대단한 능력치를 가지고 있다 한들, 그늘은 타자를 위한 것이지 자기 스스로에게 드리울 수는 없지 않은가. 이 말인즉슨, 우리는 서로가 서로를 위하여 그늘의 역할을 감당해야 한다. 어느 누구도 그늘이 되지 않으려 한다면 우리 사회는 황량한 사막이 된다. 크든 작든, 깊든 옅든 우리는 누군가에게 그늘과 같은 존재여야 한다. 그렇지 않고 감당하기 어려운 고통을 스스로 해결하려는 이들에게는 자신의 얼굴에 그늘이 드리운다. '저 친구 얼굴엔 그늘이 있어'라고 안타깝게 혹은 걱정스레 이야기하게 된다. 얼굴의 그늘은 자신을 품어 안아 줄 더 큰 그늘을 만나야 해소된다.

　우리 모두는 부모의 큰 그늘 아래서 자란다. 성장할 때는 잘 몰랐으나, 철이 들고 나서 삶을 돌아보면 그 그늘의 위대함이 절절히 느껴진다. 부모의 그늘 아래에 살고 있음 자체가 복된 일이라는 것을 그 당시에는 너무나도 당연시 여겼던 것이 세상 모든 자식들의 지울 수 없는 원죄라 하겠다. 부모가 돌아가시고 난 뒤에야 그것을 깨닫게 되는 우매함은 역사가 아무리 바뀌고 바뀌어도 어찌 개선되질 않는가. 살아가면서 문득문득 돌아가신 부모의 빈자리가, 부모의 큰 그늘이 사라졌음에 당황스러울 때가 있다. 그리움이나 먹먹함의 감정과는 달리 그늘 부재의 당황스러움은 부모 잃은 자식이 겪는 묵직한 인생의 짐 중의 하나다.

　좀 더 근원으로 돌아가 인류사적 차원에서 그늘의 의미를 짚어보자. 고래古來로부터 인류는 사나운 들짐승과 자연의 변화 양상으로부터 안전하게 보호해 줄 피난처를 욕망하였다. 모태에서 태어나 동굴에 몸을 피하였고, 움막을 지어 거주하고 오두막에서 휴식을 취하였다. 더 큰 건조물을 지어 자신과 부락의 안전을 도모했고, 지금은 도시에 모여 살면서 그 어떤 우주적 변수들에도 대처하려 하고 있다. 동서고금을 막론하고 인류는 스스로를 보호하기 위해 본능적으로 그늘을 만들어 왔다. 어쩌면 인류의 가장 강력한 생존 도구는 창이나 방패라기보다, '그늘을 만드는 기술'이지 않을까 싶다. 지구 생태계에서 가장 높은 위계를 지속시킬 수 있는 이유도 생존 수단인 그늘 만드는 기술을 계속 발전시켰기 때문인지 모른다.

한편으로 우리가 일상에 접하는 문화 매체나 예술의 존재 목적도 그늘을 드리우기 위함이다. 워라벨일과 라이프의 균형이니, 소확행소소하지만 확실한 행복이니 하는 신조어도 우리 삶의 그늘에 대한 열망으로 생겨났다. 쉼의 시간을 통해, 문화와 예술이라는 여백을 통해 내적 생성의 기운이 되살아나게끔 하는 것이다. 그렇다면 '예술 작품의 근원'도 그늘에 있는 것이 아닐까. 그늘감이 드리운 혹은 그늘의 신비가 농축된 창작물은 그 아우라가 독자에게 그대로 전달되어 기분을 상승시켜 준다. 예술가가 그늘에 머무르고자 할 때, 예술 작품은 그늘을 드리우고, 그늘의 그윽함이 작품에서 풍기나 독자들을 감동시키는 것이다. 그러니 예술가들의 창조 능력은 빛과 어둠, 음과 양, 땅과 하늘, 자연과 초자연, 현실과 환상, 주체와 타자와 같은 대립적 모순 관계를 일치시키는 순간, 즉 그늘을 드리우는 것이다.

그렇다면 우리의 일상을 한번 돌아보자. 내게 드리운 그늘은 어디인지 확인해 두자. 무엇이 나를 위로하는 매체인지도 알아두자. 또한 나는 누군가에게 어떤 그늘이 되고 있는지도 생각해

보자. 힘에 겨워 가쁜 숨을 몰아쉬는 것이 아니라, 편안하고 긴 쉼 호흡을 하는 순간은 언제인지 알고 있어야 한다. 왠지 모르게 기분이 좋아지고, 내적 기운이 상승하는 듯한 느낌은 어떤 매체를 만날 때인지도 알아 둘 필요가 있다.

시는 그늘을 가진 언어다. 시어의 행간에는 쉼이 있고, 기억이 있고, 장소가 있고, 감정이 들어 있다. 그래서 시어의 선택은 그늘을 드리우는 구축 과정이라 해도 과언이 아니다. 시인의 사명은 시어를 세워서 고요의 여백을 만들어 숱한 정서가 깃들게 하는 것이다. 시에서 성글게 하여 틈을 내는 것은 우주의 기운이 통하게 하려 함이며, 여백을 이루어 숱한 이야기와 감정이 노닐게 하는 것이다. 시의 근본 속성은 그늘과 같은 은폐에 있다. 그 시의 그늘은 실존을 불러들이는 통로가 되어 독자들에게 새로운 눈을 뜨게 한다. 나무 그늘 아래서 만났던 땅벌레와 새소리와 살랑이는 바람은 바로 이런 시적 그늘의 경험이었다.

이우환 화백의 그림에는 시어 사이의 간격과 같은 여백이 있다. 화폭에는 그늘과 같은 여백들로 꽉 채워 넣었다고 표현해도 무방할 정도다. 그 그늘을 만났던 나의 경험담이다. 이우환 공간 2층의 작은 전시 공간에는 오로지 울퉁불퉁한 암석 하나만 중앙에 놓여 있다. 그리고 관람자의 반대편 벽에 아무것도 그려져 있지 않은 하얀 캔버스를 하나 걸어 놓았다. 심각하게 벌어져 있는 여백 앞에 살짝 당황하였으나, 서서히 진지하게 암석을 응시하며 그 주위를 돌며 그늘을 살폈다. 처음에 한두 마디 말을 건네더니, 놀랍게도 십여 분 동안 말 없는 대화를 주고받았다. 얼핏 기억하기로는 자연에 대해, 시간에 대해, 여러 관계들에 대한 이야기가 펼쳐졌고, 형언할 수 없는 위로의 시간이 되었다. 매체를 통해 그늘을 만난 신묘한 순간이었다.

농부가 벗어놓고 간 '낡은 구두 한 켤레'에서 반 고흐는 그늘의 깊이를 발견했던 것 같다. 수십 장의 연작을 그리면서 그 그늘에 드리운 복잡다단한 정서를 탈은폐 시키고자 애썼다. 하이데거는 이 그림에 대한 해설에서 '농부의 고단한 발걸음, 차가운 겨울바람, 대지의 소리 없는 외침, 궁핍함을 이겨낸 무언의 희열, 출산의 떨림' 등을 읽었다. 간혹 나도 특강의 자리에서 이 그림에 대한 감응을 청자에게 묻곤 한다. 시간을 주고 기다리면 아주 조심스럽게 자기 내면으로부터 느껴지는 감정을 표현한다. '이별, 환희, 고단함, 아버지, 고향' 등등의 답변을 듣는다. 그림의 여백그늘에서 발견되는 숱한 분위기를 각자의 마음 상태에 따라, 각자의 그리운 대상에 따라 연상하고, 위로의 시어로 끄집어내었다.

공간에 있어서도 그늘을 읽어내고 표현하려 한 여러 건축가가 있었지만, 가장 존경해 마지않는 이는 페터 춤토르Peter Zumthor다. 그는 공간을 접하자마자 느껴지는 고유한 그늘감을 일컬어 '분위기Atomospheres'라 불렀다. 마음을 붙일 수 있는 가장 친근한 그늘을 만들어 내는 것이 건축가로서의 숙원이었다. 위안이 되는 공간을 만들기 위해 춤토르는 자신의 건축에 재료, 소리, 온도의 미묘한 차이를 실험하고 적용하였다. 그래서 그의 건축은 하나같이 그늘감이 느껴진다. 타니자끼 준이찌로가 『음예공간 예찬』에서 동양 건축이 가진 특징으로 언급한 '그늘의 신비'와도 흡사한 그윽함의 미를 춤토르는 열망하였다.

시인 김지하는 그늘로부터 태어나는 내적 생성의 상태를 두고 '흰 그늘'이라 표현한 바 있다. 그늘이 흴 수는 없다. 하지만 모순적인 어법을 사용하면서 오히려 더욱 깊은 의미를 담으려 하였다. 그의 논지에 의하면, '흰 그늘'은 '한'의 정서를 깔고 있는 '흥'을 두고 하는 말이다. '신명나다', '신바람나다'와 같이 혼을 담아서 표출하는 생명의 약동하는 순간을 '흰 그늘'이라 여겼다. 어쩌면 최근의 한류 열풍도 우리의 고유한 신바람에 세계인이 열광하는 현상이지 않을까. K-음악도, K-드라마도, K-영화도 우리의 정서 깊숙이 있는 한과 흥을 끌어내어 신바람나게 해소한 융합 매체이기에 큰 공감을 불러일으키고 있다.

그늘은 극과 극이 역설적으로 같이 공존함으로써 생명을 움트게 하는 장場이다. 그 그늘로 인해서 회복이 되고, 재충전이 되며, 위로가 된다. 어느 가을날 아침, 바다 앞 카페 데크의 그늘을 잊을 수가 없다. 빈백에 기대 누워서 맛깔나는 음악과 함께 바라본 눈부신 윤슬은 그 어떤 위로의 말보다 강력했다. 마음이 뭉글뭉글해졌다. 이런 경험이, 이런 시간이 많으면 많을수록 일상을 살아갈 에너지가 더 풍성해지지 않을까. 우리를 위로할 각자의 '그늘'을 확보하자. 어떤 이에게는 장소일 수도, 어떤 이에게는 시간일 수도, 어떤 이에게는 특정 매체일 수도 있다.

그늘은 그림자와는 다르다.
그림자는 광원 반대편에 생기는
어두운 부분을 말하지만,
그늘은 빛과 어둠이 공존하며
주변의 여러 기운들과도
교우하는 영역이다.
그러니 그늘을 단순히
어둠이라 치부할 수 없다.
어둑해 보이지만
빛도 함께 머금고 있다.
어둠이면서 동시에 빛이고,
빛이면서 어둠인 것이
그늘의 속성이다.

그늘

허태준

작가, 『교복 위에 작업복을 입었다』 저자다. 직업계 고등학교를 졸업하고 현장
실습생을 거쳐, 산업기능요원으로 지역 중소기업에서 3년 7개월간 근무했다. 일
하는 청(소)년, 대학생이 아닌 이십대, 군인이 아닌 군 복무자로 살아가며 스스
로 소개하는 것조차 버거운 삶에 대해 고민했다. 회사를 그만둔 후 모든 삶은 이
야기가 되어야 한다는 믿음으로 우리 사회의 이름 없는 시절에 대해 쓰고 있다.
지은 책으로는 『교복 위에 작업복을 입었다』(2020)가 있으며, 『세상의 모든 청
년』(2022) 『나의 시간을 안아주고 싶어서』(2023)를 함께 썼다.

위로,
내가 밝힐 수 있는
시간의 최대치

마포대교에서

고층 건물이 빼곡한 여의도 스카이라인 너머로 구름 한 점 없는 하늘이 이어졌다. 서울에서는 보기 드물게 탁 트인 풍경이었다. 난간 사이로 반짝이는 물결을 보고 있으면 가끔 물고기가 튀어 오르는 자리에 독특한 무늬가 생겼다가 사라졌다. 하늘과 강과 도시의 윤곽으로 번갈아 시선을 돌리니 오래 걸어도 지루하지 않았다. 그렇게 한참을 걸어도 겨우 마포대교의 한가운데였다.

　부산에서 오래 살았던 나는 내심 서울을 부러워하는 마음이 있었다. 직업계 고등학교를 졸업하고 곧바로 인근 공단에 취업한 나와 달리, 입시를 준비하고 서울권 대학에 진학한 친구들 때문에라도 그랬다. 그들의 소식에 섞여 오던 새로운 문화와 유행의 흔적을 따라 나는 자주 기차나 고속버스에 몸을 실곤 했다.

하지만 막상 서울로 거주지를 옮기자, 하고 싶은 일이라는 게 딱히 없어 놀랐다. 특히 어딘가 콕 짚어 가고 싶은 곳이 없었다. 시간이 흘러서였을까. 조금이라도 더 많은 감상을 담아가기 위해 미술관이며 문화공간을 바삐 다니던 때와는 달랐다. 그저 섭외가 들어오는 강연이나 토론회 등에 더 편하게 참석할 수 있어 좋았다. 바람보다는 필요에 의해 머물렀고, 그제야 내가 '서울'이라는 공간에 사실 별 관심이 없었다는 걸 알았다. 부러움은 구체적인 문장이 되지 못하고 금세 흩어졌다.

그럼에도 꼭 하나 해보고 싶은 일이 있었는데, 바로 큰 다리를 걸어서 건너는 일이었다. 부산에도 크고 작은 다리가 있었지만 대교大橋라 불리는 다리는 보행이 통제되는 경우가 많았다. 그래서 서울에 올 때마다 기차나 지하철 차창 밖으로 비치던 한강의 풍경이 나에게는 꽤나 인상적이었다. 거대한 물줄기를 가로지르는 감각은 외지인에겐 낯선 것이었고, 매번 나를 추동하던 어떤 기대와 닮아있었다.

때때로 나는 그 기대를 통해 미래를 견디기도 했다. 새로운 장소와 새로운 만남이 있다는 사실로 현실의 빈자리를 채웠다. 모든 세상은 서로 연결되어 있다고. 마음만 먹으면 언제든 두 발로 걸어가면 그만이라고. 속으로 되뇌며 두려움을 삼키고는 했다. 그럴 수 없는 사람이 더 많았다는 사실도, 그래서 내가 다리가 있는 세상을 동경했다는 사실도 그때는 까맣게 잊곤 했다. 고립된 섬은 눈에 잘 들어오지 않았다.

아니, 어쩌면 나는 스스로 고립되고 싶지 않았기에 그곳에서 눈 돌리고 있었는지도 모르겠다. 누군가와 연결되기엔 내 마음은 튼튼하지 못했다. 나의 관심은 언제나 더 크고 화려한 세상이었다. 그곳은 모두가 동경하는 중심이었고, 어디로든 쉽게 연결되어 있었다. 하지만 다리를 건너던 사람들이 모두 원하던 곳에 닿지는 못했을 것이다. 그들은 어디로 갔을까. 모두가 한 곳만 바라보는 사이, 누군가에게 다리는 도착지로 향하는 과정이 아닌 스스로 끝을 고하는 종착지가 됐다.

사라진 사람들, 사라진 문장들

'한국은 OECD 자살률 1위'라는 사실은 이미 너무 유명해서 더이상 충격적이지 않다. 하지만 그 기간을 보면 제법 충격적이다. 우리나라는 2016~2017년 조사를 제외하고, 2003년부터 20년간 줄곧 OECD 42개국 중 가장 높은 자살률을 기록했다. 20년. 한 아이가 태어나 어른이 되기까지의 시간이다. 누군가 막 사회에 발을 디딜 때, 다른 누군가는 어디로도 연결되지 못한 채 세상에서 사라졌다.

사라진 건 사람들만이 아니었다. 몇 년 전만 해도 한강 다리 곳곳에는 문장들이 있었다고 했다. 극단적인 선택을 예방하기 위해 붙여 둔 표어들이었다. 2012년부터 '생명의 다리'를 모토로 위로를 전하는 문장이 다리 난간에 설치됐지만, 지금은 찾아볼 수 없다. 자살할 수 있는 장소라는 각인 효과에 대한 우려와 설치된 표어 자체가 부적절하다는 민원이 더해져 2022년을 기점으로 모두 철거됐다. 대신 서울시는 '자살 방지 난간'을 설치해 투신 시도 자체를 예방하는 방안을 추진했다.

서울시의 결정은 많은 비판을 들었다. 사회 안전망 대신 철책만 높인다며, 근원적인 해결책 없이 통계와 수치에 연연하는 전형적인 탁상행정이라는 비판이 이어졌다. 하지만 나는 비판에 동의하면서도, 마음 한편으로는 의문을 지울 수 없었다. 결국 긴시간을 싸워 바꿔야 할 문제들 앞에서 때때로 먼저 무너져버린 사람들은 어떡하나. 끈질기게 설득하고 붙잡을 수 없는 생명은 그냥 눈 돌리고 외면해야 하나.

사실 죽고 싶은 이에게 무슨 위로를 할 수 있을지 나는 잘 모르겠다. 우리 사회에 그걸 명확히 알고 있는 사람이 있기는 할까. 아니, 애초에 그런 말 한마디나 문장 하나가 사람을 구할 수 있기는 할까. 그걸 믿지 못해서, 죽고 싶다던 너에게도 나는 별다른 말을 할 수 없었다. 너에게 빌린 에세 담배가 다 타는 동안,

아크

그마저 아무런 생각이 떠오르지 않아 하나를 더 빌려 태우는 동안에도 무력하기만 했다.

　필요를 찾지 못했기에 바람을 말했다. 나는 네가 살았으면 좋겠다고. 그냥 조금만 더 살아보면 좋겠다고. 그 말이 진절머리가 날 정도로 막연해서 소리라도 지르고 싶었다. 그런 식으로 유예한 시간에 어떤 당위가 있을까. 무슨 이유와 대답이 있을까. 그땐 차라리 난간이 필요했다. 당장 너를 막아서고 버티게 해줄 무언가가 있었으면 했다. 하지만 나에게는 아무것도 없었기에 숨을 들이쉴 때마다 켜졌다 꺼졌다 반복하는 담뱃불을 마냥 바라보기만 했다. 메마른 연못의 마지막 반딧불이처럼 조그맣고 애잔한 불빛을.

가장 빛나는 조각

마포대교를 걷는 와중에도 철거된 문장의 잔해가 눈에 띄었다. '밥은 먹었어요?'라는 문장이 너저분하게 찢겨 나가 겨우 알아볼 만한 수준으로 붙어있었다. 다른 곳은 깔끔한데, 저 문장은 왜 유독 더 진득하게 그곳에 붙어있었을까. 그런 생각을 하며 나는 조금 슬펐던 것 같다. 문장이 생명을 구할 수 없는 것 같아서. 문장보다 철책이, 난간이, 더 효과적으로 누군가의 죽음을 막을 수 있을 것 같아서. 잔인해도 그게 현실이고, 가끔은 정말로 그게 맞을 수도 있을 것 같아서 슬펐다.

돌이켜보면 그 당시 내가 어떤 말을 했더라도 너에게는 별로 위로가 되지 않았을 것이다. 삶을 설득하는 일은 죽음을 결심하는 것만큼이나 길고 오랜 과정이 필요할 테니까. 그래서 너에게 그토록 시간을 유예하길 바랐는지도 모르겠다. 삶에 조금 더 관심이 생기도록. 더 나은 세상도, 살아가도 괜찮을 법한 모습도, 구체적인 문장으로 적어볼 수 있도록 말이다.

그 문장 하나로 생명을 구할 수는 없겠지만, 삶에는 그 문장 하나도 꼭 필요하지 않을까 싶다. 수많은 차들이 스쳐 지나가는 도로와 몸을 기댈 난간이 그렇듯, 정책이나 제도처럼 문장도 너와 나를 연결하는 이 다리의 일부일 테니까. 그러니 어떤 문장은 너저분하고 찢겨나가는 한이 있더라도 어떻게든 그 자리에 남아있다는 생각이 든다.

밥은 먹었냐? 거대한 물줄기를 가로지를 때마다 너에게 묻고 싶었다. 그만큼이 내가 밝힐 수 있는 시간의 최대치였다. 여전히 진절머리 나게 무력하지만, 그 불빛이 고립된 섬의 존재를 밝히는 작은 등대가 되어줄 수도 있지 않을까. 스러지지 않고 연결된 빛이 미래를 조금 더 비추고, 그러면 삶도 조금은 견딜만한 것이 되지 않을까.

하지만 나는 거기서 멈추지 않을 것이다. 우리가 끝까지 다리를 건너는 것만큼이나, 이 다리가 어디로 연결된 것인지 다퉈 물을 것이다. 우리의 중심이 어디로 향하고 있는지 돌아볼 것이다. 크고 화려한 세상으로 이어진 다리가 정작 고립을 늘려가는 건 아닌지, 누군가에게는 다리가 그 자체로 섬이 되어가는 건 아닌지 고민할 것이다. 그때서야 무력한 위로는 새로운 대교의 가장 빛나는 조각이 될 것이다.

아크 ARCH-

공존을 위한 인문 무크지

7 위로

ⓒ 2023, 상지인문학아카데미 Sangji Humanities Academy

글쓴이	강동진 권명환 김종기 류영진 문종필 박형준 손택수 심상교 엄상준 이성철 이승원 이승헌 장현정 정 훈 조봉권 조재휘 차윤석 천정환 허태준
초판 1쇄	2023년 12월 22일
발행인	허동윤
고 문	이성철
편집장	고영란
편집위원	박형준 장현정 정 훈 조봉권
도 움	서동하 김혜진
디자인	김희연
기 획	㈜상지엔지니어링건축사사무소
주 소	부산광역시 중구 자갈치로42 신동아빌딩 5층
전 화	051-240-1527~9
팩 스	051-242-7687
이메일	sangji_arch@nate.com
출판유통	㈜호밀밭 homilbooks.com

ISBN 979-11-6826-115-0 04060

ISBN 979-11-90971-13-3 04060(세트)

환대

상지인문학아카데미

인초시네마

23.05.24~ 24.04.17 오후 6시 30분

왼쪽 세로: 대상 | 상지인문학아카데미 연회원

왼쪽 세로: 장소 | BNK부산은행 아트시네마 모퉁이극장

1강 5/24(수)
어나더 라운드
진행
장현정 대표
(주)호밀밭

2강 6/21(수)
다음 소희
이성철 교수
창원대 사회학과

3강 7/19(수)
자산어보
안도경 교수
서울대 정치외교학부

4강 8/23(수)
너의 눈을 들여다보면
류준필 교수
서울대 중어중문학과

5강 9/20(수)
또 바람이 분다
김이석 교수
동의대 영화학과

6강 10/6(금)
우연과 상상
정성일 감독
영화평론가

7강 11/22(수)
낙엽귀근
진행
이정훈 교수
서울대 중어중문학과

8강 12/20(수)
운디네
차윤석 교수
동아대 건축학과

9강 1/24(수)
애프터 양
조원희 감독
부산국제영화제
커뮤니티비프

10강 2/21(수)
가버나움
조재휘
영화평론가

11강 3/20(수)
패러렐 마더스
정미 프로그래머
부산국제영화제
커뮤니티비프

12강 4/17(수)
장기자랑
박형준 교수
부산외대 한국어교육전공

가입 신청 바로가기

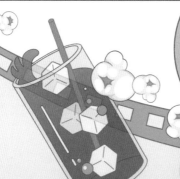

상지 (주)상지이앤에이/엔지니어링건축사사무소 　 COMMUNITY 부산국제영화제 커뮤니티비프 　 관객문화협동조합 모퉁이극장

회원 혜택 설명
및 가입 링크

정두환의

음본세

음악으로 본 세상 이야기

문화유목민 정두환이 음악으로 본 세상 이야기

음악이라는 소리를 소재로 세상을 살펴보고 이야기를 풀어가는 시간이다.
천재라는 분야가 유일하게 남아있는 '음악'. 그 음악의 본질은 사람을 이해하는 것이다.
동시대의 삶을 이해하기 위해서는 다양한 장르가 필요하며 각각의 지성과 이성. 그리고 본성이 만날 때 시대를
읽어내는 힘은 더욱 커질 것이다. 이는 각자의 삶을 풍요롭게 함과 동시에 더불어 살아가는 사회의 중요성을
느끼게 되는 길이다. 음악을 통해 서로를 위로하고 위안 받을 수 있는 시간이 되길 기대한다.

1회	02.22	음악은 왜 사람을 사로잡는가!	6회	07.26	음악_ 광장에서 만나다.
2회	03.15	음악_ 봄이 오는 소리를 듣는다.	7회	08.30	음악_ 책에서 소리를 듣다.
3회	04.26	음악_ 그대 이름은 인문학.	8회	10.25	영화음악의 이야기(영화음악 작곡가1)
4회	05.31	음악_ 그리운 그 대상의 미학.	9회	11.29	영화음악의 이야기(영화음악 작곡가2)
5회	06.28	음악_ 공간에서 만나다.	10회	12.27	그대 마음이 머무는 곳에.

※ 9월은 추석 연휴로 휴강입니다.

일정 및 장소

매월 마지막 주 수요일
오후 6시 30분 상지건축 대회의실

부산 중구 자갈치로42 신동아빌딩 5층

문의

상지건축
대외협력본부

전화 051-240-1526, 1529

상지 SEA Sangji Environment & Architects Inc. 주관·주최 I (주)상지이앤에이/엔지니어링건축사사무소 (홈페이지 http://www.sangji21c.co.kr 블로그 blog.naver.com/osangji)

21세기 동시대 미술 in busan

서양미술과 미학의 창 - 21세기 동시대미술에 대하여

● 강사 김종기 - 독일 훔볼트대학교 철학박사, 부산민주공원관장

매월 둘째, 넷째 주 화요일 오후 3시
상지건축 대회의실 부산 중구 자갈치로42 신동아빌딩 5층

상지건축 대외협력본부 신청
문의 051-240-1526, 1529

 시즌 1   **23.04.11 ~ 23.09.19**

 시즌 2   **23.10.10 ~ 24.05.07**

1강
23.04.11
오리엔테이션 1
도상학과 도상해석학, 전경과 후경 / 재현의 원리

2강
23.04.25
오리엔테이션 2
모더니즘의 4현상과 탈재현

3강
23.05.09
컨템퍼러리 아트란 무엇인가 1
컨템퍼러리 아트의 전사 - 모더니즘과 아방가르드, 포스트모더니즘

4강
23.05.23
작가와의 만남 1 : 정철교 작가
정철교, <1972~2022 내가 나를 그리다>

5강
23.06.13
컨템퍼러리 아트란 무엇인가 2
포스트모더니즘의 종말과 컨템퍼러리 아트 1

6강
23.06.27
컨템퍼러리 아트란 무엇인가 2
포스트모더니즘의 종말과 컨템퍼러리 아트 2

7강
23.07.11
컨템퍼러리 아트의 다양한 발현 양태 1
니콜라 부리오의 관계 미술과 관계 미학 1

8강
23.07.25
작가와의 만남 2 : 정희욱 작가
얼굴, 기관 없는 신체 만들기 - 정희욱의 돌

9강
23.08.08
컨템퍼러리 아트의 다양한 발현 양태 1
니콜라 부리오의 관계 미술과 관계 미학 2

10강
23.08.22
컨템퍼러리 아트의 다양한 발현양태 2
세계화 시대의 탈식민주의 미술 1

11강
23.09.05
컨템퍼러리 아트의 다양한 발현양태 2
세계화 시대의 탈식민주의 미술 2

12강
23.09.19
작가와의 만남 3 : 김준권 작가
김준권 판화전, <칼의 노래, 판의 노래, 삶의 노래>

1강
23.10.10
컨템퍼러리 아트의 다양한 발현양태 2
· 세계화 시대의 탈식민주의 미술 3
· 탈식민주의 미술의 등장과 21세기 탈식민주의 미술

2강
23.10.24
컨템퍼러리 아트의 다양한 발현양태 2
· 21세기 동시대 탈식민주의 미술의 주요작가들
· 아프리카의 탈식민주의 미술과 주요작가들

3강
23.11.07
컨템퍼러리 아트의 다양한 발현양태 2
· 21세기 동시대 탈식민주의 미술의 주요 작가들
  라틴아메리카의 탈식민주의 미술과 주요 작가들

4강
23.11.21
작가와의 만남 4 : 노주련 작가
노주련, <Golden Age>

5강
23.12.05
컨템퍼러리 아트의 다양한 발현양태 2
· 21세기 동시대 탈식민주의 미술의 주요 작가들
· 동아시아의 탈식민주의 미술과 주요 작가들

6강
23.12.05
컨템퍼러리 아트의 다양한 발현양태 2
· 21세기 동시대 탈식민주의 미술의 주요 작가들
· 동남아시아와 서남아시아의 탈식민주의 미술과 주요작가들

7강
23.12.19
컨템퍼러리 아트의 다양한 발현양태 3
서유럽과 북미의 컨템퍼러리 아트 1

8강
24.01.02
작가와의 만남 5 : 박건 작가
박건, <옐로우 공산품>

9강
24.01.16
컨템퍼러리 아트의 다양한 발현양태 3
서유럽과 북미의 컨템퍼러리 아트 2

10강
24.01.30
컨템퍼러리 아트의 다양한 발현양태 3
서유럽과 북미의 컨템퍼러리 아트 3

11강
24.02.13
컨템퍼러리 아트의 다양한 발현양태 4
라틴 아메리카의 컨템퍼러리 아트

12강
24.03.12
작가와의 만남 6 : 진영섭 작가
진영섭, <커뮤니티아트와 감천문화마을>

13강
24.03.26
컨템퍼러리 아트의 다양한 발현양태 4
동아시아의 컨템퍼러리 아트 1

14강
24.04.09
컨템퍼러리 아트의 다양한 발현양태 4
동아시아의 컨템퍼러리 아트 2

15강
24.04.23
컨템퍼러리 아트의 다양한 발현양태 5
동남아시아 및 서남아시아, 아프리카의 컨템퍼러리 아트

16강
24.05.07
컨템퍼러리 아트의 다양한 발현양태 5
아프리카의 컨템퍼러리 아트

도시의 삶과 죽음, 존엄에 대하여

**2023.
05.11 - 12.14
PM 3 - PM 5
상지서울**

/11(목), 오후 3시-5시
도시란 무엇인가?
서울은 어디고, 나는 어디로 가고 있는가?
박배균 교수/서울대학교 지리교육과 교수

/8(목), 오후 3시-5시
도시에서의 삶(1) : 자살
천정환 교수/성균관대 국어국문학과 교수

/13(목), 오후 3시-5시
도시에서의 삶(2) : 존엄한 죽음(조력 존엄사 논쟁)
천정환 교수/성균관대 국어국문학과 교수

/10(목), 오후 3시-5시
교육대전환, 능력주의 교육에서 존엄주의 교육으로
김누리 교수/중앙대 독문과 교수

/14(목), 오후 3시-5시
도시 노년의 삶
최현숙 작가/여성주의 생애사연구소 소장

/12(목), 오후 3시-5시
도시에서의 존엄한 쉼은 어떻게 가능할까?
김승원 교수/서울대 아시아도시사회센터

/09(목), 오후 3시-5시
도시에서 꿈꾸는 공동체 : 전환, 원환, 그리고 순환
조형근 박사/소셜랩 접경지대 소장

/14(목), 오후 3시-5시
도시에 대한 권리와 마주침의 정치
박배균 교수/서울대학교 지리교육과 교수

주관 : 대외협력본부, 운영지원본부

임직원 필참
일정은 사정에 따라 변동 가능 有

상지
Sangji Environment
& Architects Inc
S·E·A

1974-2024, 삶과 사람 속 상지건축 50년

상지건축 창립 50주년 기념

오! 부산

유산으로 본 부산의 미래

도시 l 건축 l 역사 l 민속 l 산업 l 문화

2023. 9. 11 - 2024. 3. 12
03:00 PM 상지건축 대회의실

9.11	부산 이야기	강동진	경성대 교수
9.25	부산항 이야기	강동진	경성대 교수
10.17	평화의 도시 부산: 국제 구호 지원, 인류애	전성현	동아대 교수
10.31	피란의 공간, 착란의 도시	우신구	부산대 교수
11.14	부산의 '흥'	심상교	부산교육대 교수
11.28	피란수도 문화르네상스	이순욱	부산대 교수
12.12	문화의 기수역(汽水域), 부산의 힘	장현정	(주)호밀밭 대표
12.26	부산 기질	차철욱	부산대 교수
1.16	부산의 삶과 주거	유재우	부산대 교수
1.30	레이어드 부산 건축	이승헌	동명대 교수
2.13	마이스 산업, 지역관광, 그리고 문화	윤태환	동의대 교수
2.27	로컬브랜딩	홍순연	(주)로·바·로 대표
3.12	부산의 미래와 창업	서용철	BISTEP 원장

주관·주최 l (주)상지이앤에이/엔지니어링건축사사무소 (홈페이지 http://www.sangji21c.co.kr 블로그 blog.naver.com/osangji) 문의 l 051-240-15

상지인문학아카데미
연회원 가입 안내

상지인문학아카미는 어렵고 따분한 인문학이 아니라
일상에서 만나는 인문학, 삶의 질을 높이는 인문학을 지향합니다.
지역 인문학자들과 함께 동반성장하는 상지인문학아카데미로 여러분을 초대합니다.

인문무크지 아크
정기 구독 ＞ 24,000원
- '상지인문학아카데미'
  강좌 일정 안내 문자 발송
- '상지인문학아카데미'
  캐릭터 굿즈(노트, 볼펜) 제공
- 가입 즉시 '인문무크지 아크'
  신간 정기 배송(연 2권)

인문학아카데미
연간 회원 ＞ 50,000원
정기 구독 혜택 모두 포함
- '상지인문학아카데미'
  무료 행사 우선 초대
  유료 행사 초대

인문학아카데미
후원 ＞ 100,000원
이상
연간 회원 혜택 모두 포함
- 진영섭 작가 작품(소품) 증정

유효기간은 가입일(결제일)로부터 1년입니다.
가입 문의: 051-240-1526, 1529

 입금 계좌
부산은행 101-2064-9382-09
예금주: (주)상지엔지니어링건축사

가입신청 바로가기

2024, 상지 창립 50주년
VISION 2030
디자인과 기술을 통한 가치창조 "Go Forward"

"건축, 그것은 우리 사는 세상을
세우는 작업의 시작입니다."

건축설계 Des
일반 주거건축, 리모델링, 공공디자인, 도시설계, 재

건설사업관리 Construction Managem
건축, 기계, 토목, 구조, 전기, 소방, 통신, 조경

부설연구소 Architecture Instit
친환경 재생에너지, 해양건축, 도시재생, 타당성

상지인문학아카데미 | 인문무크지 아크 ARC

부산항 북항 2단계 재개발 사업화 전략 아이디어 개념구상 국제공모 당선작

High, POLE

반갑습니다
우성종합건설이 선보이는
프리미엄 브랜드의 새이름

기대됩니다
집의 높이보다 삶의 깊이에
집중된 공간의 새로운 경험

성종합건설

최근 주요 사업실적]
학 우성스마트시티·뷰
022. 5월 준공)

만 우성스마트시티·뷰
023. 3월 준공)

제 열린도서관
023. 12월 준공 예정)

성 라파드 더테라스
024. 2월 준공 예정)

023년 사업예정지]
산 금정구 부곡동
산 해운대구 송정동
난 남구 용호동
난 남구 신정동

모두가 꿈꾸던, 빛나는 삶의 중심이자 지표 -
더폴과 함께 **우성**이 만들어 가겠습니다.

우성종합건설의 첫 프리미엄 브랜드

THE POLE

50° YEARS
ANNIVERSARY

경동,
가치를 짓다

경동건설

장유 경동리인 하이스트

해운대 경동제이드

해운대 경동리인뷰 1차

동서대 센텀시티 R&D

동아대 종합강의동

IKEA 동부산점